# WEIN

## DIE RICHTIGE WAHL

FIONA BECKETT

# WEIN

## DIE RICHTIGE WAHL

HALLWAG VERLAG
BERN UND STUTTGART

Die Originalausgabe ist unter dem Titel «Wine by Style» im Verlag Mitchell Beazley
(Teil der Verlagsgruppe Reed Consumer Books Ltd), London, erschienen.



Übersetzung ins Deutsche: Ulrich Schweizer
Umschlaggestaltung: Robert Buchmüller
Satz: Utesch GmbH, Hamburg
Druck und Einband: Toppan Printing Company, China

ISBN 3-444-10524-X

Hallwag

# INHALT


6 **EINLEITUNG**

8 **WAS BEEINFLUSST STIL UND AROMA EINES WEINS?**

10 REBSORTEN
12 DIE WICHTIGSTEN WEISSEN SORTEN
16 DIE WICHTIGSTEN SORTEN FÜR ROTWEIN
20 KLIMA, BODEN UND REBEN
26 KELLERTECHNIK
32 DER EINSATZ VON EICHENHOLZ

34 **DIE EINZELNEN WEINSTILE**

36 FRISCHE, TROCKENE WEISSWEINE
42 MITTELSCHWERE, TROCKENE WEISSWEINE
48 REICHE, SCHWERE WEISSWEINE
54 AROMATISCHE UND HALBTROCKENE WEISSWEINE

60 LEICHTE, FRUCHTIGE ROTWEINE
66 WEICHE, MITTELSCHWERE ROTWEINE
72 GEHALTVOLLE, KÖRPERREICHE ROTWEINE
78 REIFE ROTWEINE UND RARITÄTEN

82 ROSÉWEINE
86 CHAMPAGNER UND ANDERE SCHAUMWEINE
92 SÜSSWEINE
98 SHERRY
100 PORTWEIN
102 MADEIRA UND WEITERE VERSTÄRKTE WEINE

104 **WEIN UND ESSEN**
110 **WEIN LAGERN UND SERVIEREN**
116 **INDEX**
120 **DANK**

# EINLEITUNG

Wenn Sie damit beginnen, Weine zu kosten und zu kaufen, kann die Verwirrung groß sein: Eine Welt tut sich auf, von der jede und jeder anscheinend mehr versteht als Sie selbst. So viele Weine, so viele verwirrende und unbekannte Namen – wie schafft man sich Übersicht?

Mit der Zeit lernen Sie verschiedene Weine kennen, nach und nach entdecken Sie ein paar, die Ihnen wirklich schmecken. Aus bloßer Erleichterung könnten Sie dann versucht sein, immer dieselben zu kaufen und Flaschen zu erwerben, die ihren Preis nicht wert sind.

«Wein – die richtige Wahl» will Sie dazu ermutigen, im vertrauten Umgang mit diesem Getränk einen Schritt weiter zu gehen, und Ihnen helfen, jenen Weinstil herauszufinden, der Ihnen am meisten zusagt. Von manchen Weinbüchern unterscheidet dieses Buch sich grundsätzlich: Statt die verschiedenen Weinregionen der Welt im einzelnen vorzustellen, habe ich mich auf einige charakteristische Weinstile konzentriert, die Sie vermutlich schon kennen. Haben Sie einmal einen Wein entdeckt, der Ihnen immer wieder schmeckt, brauchen Sie bloß noch herauszufinden, welche anderen Weine im selben Stil erzeugt werden.

Hier eine Bemerkung vorweg: Manche Menschen glauben, sie müßten sich entschuldigen, wenn sie beispielsweise einen blumigen deutschen Weißwein einem Bordeaux vorziehen. Es gibt aber keinen «richtigen» oder «falschen» Weinstil. Denken Sie nur daran, wie verschieden die Vorlieben beim Essen sind: Manche lieben Süßwaren, Salate oder Gewürze in allen Formen, andere überhaupt nicht. Es wäre doch sehr langweilig, wenn wir alle dieselben Lieblingsweine hätten.

Es kann allerdings sein, daß sich Ihr Geschmack ändert. Anfangs gefällt Ihnen vielleicht ein frischer, fruchtiger Weißwein besser als ein schwerer Rotwein. Später ziehen Sie Weine mit einem stärkeren, intensiveren Geschmack vor. Das ist vollkommen normal. Beim Kaffee ist es doch genauso: Die wenigsten beginnen mit einem doppelten Espresso – sie nehmen ihren Kaffee mit Milch und zwei Stück Zucker und gehen erst allmählich zu stärkeren Mischungen über.

Daher ist es unwahrscheinlich, daß es nur gerade einen einzigen Weinstil gibt, der Ihnen gefällt. Ihr Geschmack kann sich im Laufe Ihres Lebens verändern. Wenn Sie Ihre ersten Weine mit zwanzig, dreißig trinken, werden Ihnen einfache Fruchtaromen schmecken. Zwanzig Jahre später, nachdem Sie eine weitaus größere Palette verschiedener Weine kennengelernt haben, halten Sie vielleicht nach reiferen, subtileren, komplexeren Weinen Ausschau. Sie könnten anfangen, einen

Chardonnay mit schwerer Eichenholznote langweilig zu finden und nach etwas anderem zu suchen. Natürlich verändern sich auch die Weine. Einen üppigen, fruchtigen Grenache oder Malbec aus der «Neuen Welt» zu wählen war vor zehn oder fünfzehn Jahren noch gar nicht möglich, weil es diese Weine einfach nicht gab.

Welchen Wein Sie wählen, kann auch von Ihrer Stimmung oder der Jahreszeit abhängen. Der frische, zarte Rosé, der Ihnen im Urlaub so gefiel, wird Ihnen bei fünf Grad Kälte mitten im Winter nicht unbedingt gleichermaßen zusagen. Andererseits wäre ein großer, kräftiger Rotwein bei warmen Sommertemperaturen einfach zu schwer. Und bei einem Fest werden Sie zur Feier des Tages viel eher einen Champagnerkorken knallen lassen als einen trockenen Weißwein öffnen.

Für welchen Weinstil Sie sich entscheiden, hängt auch vom Essen ab – und davon, mit wem Sie essen. Im Kapitel «Wein und Essen» (Seiten 104–109) sehen Sie, daß manche Weine zu manchen Speisen besonders gut passen. Ein leichter, frischer Weißwein beispielsweise würde von einem üppigen, stark gewürzten Rindfleischgericht erschlagen. Mag er auch sonst Ihr Lieblingswein sein – zu einem solchen Essen wählen Sie besser einen Rotwein mit kräftigem Körper.

Vielleicht möchten Sie die Vorlieben Ihrer Gäste berücksichtigen. Ausgeprägtere Weine – Weißwein mit starkem Bukett etwa, reifer Rotwein oder Raritäten – sind nicht jedermanns Geschmack.

Wußten Sie, daß die Art, wie man eine Flasche Wein behandelt (wie lange Sie ihn lagern, mit welcher Temperatur Sie ihn servieren), deren Stil beeinflussen kann? Ich habe dem Lagern und Servieren von Wein ein eigenes Kapitel gewidmet, in dem auch die häufigsten Weinfehler beschrieben werden.

Dabei geht es aber nicht darum, ein abschreckendes Bündel von Regeln durch ein anderes zu ersetzen – sondern um eine Einladung, in diesem Buch frei und ungezwungen zu blättern und keinen Weinstil von vornherein auszuschließen. Weingenuß sollte ein Vergnügen sein, kein steifes Ritual. Ich hoffe, das Buch bringt Sie dieser Erkenntnis einen Schritt näher.

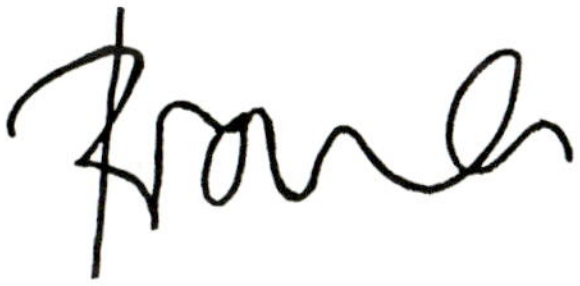

# WAS BEEINFLUSST STIL UND AROMA EINES WEINS?

In früheren Zeiten war der Stil eines Weins eigentlich nicht das Resultat einer bewußten Entscheidung der Winzer, die ihn erzeugten. Wenn sie sich wie die Mehrzahl an die für die Rebberge ihrer Region verbindlichen gesetzlichen Vorschriften hielten, gab es in Ländern wie Frankreich und Italien keine große Wahl, was die Rebsorten, den Zeitpunkt der Lese oder den Ertrag betraf. Viel stärker als heute waren die Winzer auch den Launen des Wetters ausgeliefert: Wurden die Rebberge von Frost heimgesucht, konnten sie wenig dagegen ausrichten. Wenn es zur Zeit der Gärung drückend heiß war, konnte man die Temperatur im Keller kaum steuern. Heute sieht die Lage völlig anders aus. In vielen Teilen der Welt, vor allem in den Ländern der «Neuen Weinwelt» wie Australien, Chile, Südafrika und Neuseeland, gibt es keine starren Vorschriften. Im Rahmen ihrer Möglichkeiten, der Ausrüstung und Mitarbeiterzahl sind die modernen Weinmacher mehr oder weniger frei zu tun, was sie wollen. Die riesigen High-tech-Wineries können praktisch jede Art von Wein konfektionieren.

Den größten Einfluß haben nicht mehr die Bürokraten mit ihren Gesetzen, sondern die Einkäufer der großen Supermarkt-Ketten. Man kann sich streiten, wie gesund diese Entwicklung ist. Es gibt begründete Sorge über das Ausmaß, in welchem die Individualität verschiedener Weingebiete verlorengeht und Weine aus allen Ecken der Welt identisch zu schmecken beginnen. Doch läßt sich auch nicht bestreiten, daß die durchschnittliche Weinqualität heute höher ist als je zuvor.

Glücklicherweise bleibt Wein allem technischen Fortschritt zum Trotz ein landwirtschaftliches Produkt; die Rebsorte, aus der er gekeltert wird, und das Klima, in dem diese wächst, haben den größten Einfluß auf seinen Stil.

## Rebsorten

Wie wichtig die Sorte oder die Sorten sind, aus welchen ein Wein gemacht wird, zeigt sich daran, daß die Weine, die der größten Konsumentenzahl bekannt sind, nach Sorten benannt sind wie Chardonnay oder Cabernet Sauvignon. Diese Sorten nennt man «edel», weil sie einige der größten Weine der Welt ergeben, doch weniger bekannte Sorten mit neuen Aromen erhalten immer mehr Aufmerksamkeit. Machen Sie sich darauf gefaßt, in den nächsten Jahren Sorten kennen zu lernen, von denen Sie noch nie gehört haben, wie etwa Bonarda, Bouschet, Carmenère, César, Garganega und Grechetto.

## Klima und Bodenbeschaffenheit

Der französische Begriff «Terroir» (die einzigartige Verbindung von Klima, Boden und Lage) wird heute weltweit und zunehmend als ausschlaggebend für die Produktion von Qualitätswein angesehen. Weinmacher der «Neuen Welt» mögen einmal geglaubt haben, sie könnten alles im Keller erreichen; aber mehr und mehr erkennen sie, wie wichtig es ist, für jede Sorte die geeignetste Lage zu wählen.

## Kellertechnik

Die Fortschritte in der Vinifikation, vor allem die kontrollierte Gärtemperatur und der Einsatz von Reinzuchthefe, haben die Produktion billigerer Weine revolutioniert. Es ist möglich, aus Traubengut, das noch vor zehn Jahren nichts Besonderes ergeben hätte, frischen, sauberen, charaktervollen Wein zu produzieren. Die Geschmackspalette, die für die modernen Weinmacher bereitsteht, ist vielseitiger denn je.

## Eichenholz

Natürlich werden nicht alle Weine im Eichenfaß ausgebaut, doch der Einfluß der verschiedenen Faßarten ist beeindruckend. Eiche kann vordergründig sein oder subtil, je nachdem, was der Kellermeister anstrebt. Generell führt die Präsenz von Eiche zu einem Weinstil mit mehr Körper, doch Eichenspäne können auch zur Geschmacksabrundung eingesetzt werden.

Wie all diese Variablen zusammenspielen und in einem ausgebauten Wein zusammenfinden, ist ein faszinierender Vorgang. Auf den folgenden Seiten werden die aufgezählten Einflüsse näher beschrieben.

# REBSORTEN

Die Sorten, aus denen ein Wein erzeugt wird, verleihen ihm seinen unverwechselbaren Charakter. Selbstverständlich trifft dies auf einige Sorten stärker zu als auf andere. Es ist wenig wahrscheinlich, daß Sie einen trockenen italienischen Weißwein degustieren und «aha, Trebbiano!» rufen werden. Doch was die teuersten Edelsorten der Welt wie Chardonnay und Cabernet Sauvignon angeht: Sie haben durchaus eine ausgeprägte Persönlichkeit, und die aus ihnen gewonnenen Weine sind leicht zu identifizieren.

## Sortenangabe auf dem Etikett

Die leichte Erkennbarkeit brachte die marketing-orientierten Kalifornier in den siebziger Jahren dazu, ihre Weine nach der jeweiligen Rebsorte zu benennen. Dieser Wechsel hat für die Weinwelt wohl größere Konsequenzen mit sich gebracht als alles andere in den letzten Jahren. Reinsortige Weine gaben den Weintrinkern ein Gefühl großen Vertrauens. Heute ist es einfacher vorherzusagen, wie ein Wein schmecken wird. Sogar die Franzosen geben mittlerweile die Sorte an, selbst bei Traditionsweinen wie Burgunder.

Diese Betonung der Rebsorten hatte auch einen Einfluß auf die Qualität. Die traditionelle Vinifikationsart, wie sie in Bordeaux und vielen Teilen Europas praktiziert wird, bestand darin, mehrere Rebsorten zu verschneiden, zu assemblieren. Gab es bei der Lese der einen Sorte Schwierigkeiten mit dem Wetter, konnte man immer noch den Anteil einer anderen Sorte erhöhen. Bei reinsortigen Weinen geht das aber nicht: Die Produzenten müssen sicherstellen, daß ihre Trauben von höchstmöglicher Qualität sind und in der Kellerei mit der größten Sorgfalt behandelt werden.

Wie kommt es dann, daß Weine aus derselben Rebsorte manchmal so verschieden schmecken? Da sind mehrere Faktoren im Spiel, der wichtigste davon ist das Klima. Grundsätzlich werden Trauben in heißem, sonnigem Klima üppigere, reifere Fruchtaromen entwickeln als Trauben, die in kühlem, wechselhaftem Klima wachsen. Und vor allem auf der Nordhalbkugel können die Wetterlagen zur Lesezeit von einem Jahr zum anderen beträchtlich schwanken. Eine gute Ernte wird einen körperreicheren Stil ergeben, ein schwaches Jahr einen leichteren, herberen.

Andere Faktoren, die eine Rolle spielen, sind die Klone (die spezifische Genetik einer Rebsorte), das Alter der Rebstöcke (ältere Reben ergeben in der Regel ausdrucksstärkere Weine als junge) und der Gesamtertrag. Wenn man der Rebe erlaubt, so viele Trauben zu tragen, wie sie kann, wird man einen leichteren, dünneren Wein erhalten, als wenn man den Ertrag beschränkt oder nur die besten Trauben selektioniert.

## Rebsorten, Boden und Lagerfähigkeit

Einige Sorten sind auf gewisse Lagen ideal abgestimmt – eine Affinität, die die Franzosen in ihrem strengen System der «Appellation Contrôlée» festschreiben. Pinot Noir zum Beispiel hat sich perfekt dem verhältnismäßig kühlen Klima und den Sandsteinböden von Burgund angepaßt. (Eine Sorte wie Cabernet Franc würde dort vielleicht ebenso gut gedeihen, doch die Franzosen glauben, mit einigem Recht, es würde die Charakteristik der Weine aus den verschiedenen Regionen verwischen, wenn man den Winzern erlaubte, jede beliebige Sorte anzubauen.)

Der Charakter einer Sorte kann auch im Keller verändert oder betont werden, in erster Linie durch den Einsatz oder Verzicht auf Ausbau im Eichenfaß oder die Assemblage mit anderen Sorten. Ein Chardonnay aus einem rostfreien Stahltank, den man wenige Monate nach der Lese schon auf Flaschen gezogen hat, wird leichter und frischer daherkommen als einer, der einige Monate Faßausbau hinter sich hat. Einen weniger offenkundigen Chardonnay-Stil wird er auch haben, wenn er mit einer anderen geschmacksintensiven Sorte wie Sémillon, Sauvignon oder Viognier assembliert wird.

Der letzte wichtige Faktor, der den Geschmack einer Sorte beeinflußt, ist das Alter. Die meisten Weine werden heute innerhalb von wenigen Monaten, nachdem sie auf Flaschen gezogen wurden, verkauft und innerhalb von Tagen nach dem Kauf getrunken. Doch wenn Sie einen älteren Wein kaufen oder einen Wein längere Zeit lagern, bevor Sie ihn trinken, werden Sie feststellen, daß sich der lebhafte, fruchtige Charakter des jungen Weins verändert hat – eine Veränderung, die Ihnen gefallen mag oder auch nicht.

Das heißt: Es ist zwar wahrscheinlich, daß Ihnen, wenn Sie einen Wein aus einer bestimmten Sorte mögen, auch andere Weine derselben Sorte gefallen werden, aber es muß nicht unweigerlich so sein.

Entscheidend ist es, mehr über den Stil der Weine aus den verschiedenen Sorten zu wissen. Lernen Sie jene kennen, denen Sie am ehesten begegnen werden.

**Oben** *Kühle Rebberge in Europa (z. B. im Médoc) bringen Weine mit ganz anderen Aromen hervor als warme in der «Neuen Welt» (z. B. Kalifornien, linke Seite), selbst wenn dieselbe Sorte angebaut wird. Je kühler das Klima, um so schlanker die Aromen. Umgekehrt haben die Weine wärmerer Klimazonen eine deutlich tropischere Frucht.*

# DIE WICHTIGSTEN WEISSEN SORTEN

## Chardonnay

Diese Rebsorte ist heutzutage so verbreitet und beliebt, daß sie fast so etwas wie ein Markenname geworden ist. Die meisten verbinden mit ihr die vordergründigen, fruchtigen Aromen australischer Weine und vergessen, daß Chardonnay bekannte weiße Burgunder und Chablis ergibt und ein wichtiger Bestandteil des Champagners ist.

Warum ist Chardonnay so beliebt? Diese Sorte gefällt einfach jedem: dem Produzenten, weil sie gut gedeiht und sich seinen Vorstellungen anpaßt; den Weinfreunden, weil sie eine breite Palette von Geschmackseindrücken vermittelt, von frischen Zitrusaromen bis zur wuchtigen, körperreichen Eiche. Allen Chardonnays gemeinsam ist, daß sie eher sanft und weich sind (im Gegensatz etwa zu einem säurebetonten Riesling oder Sauvignon.)

Die Hauptunterschiede im Stil spiegeln das Klima wider, in dem der Chardonnay wächst. In einer kühlen Region wie Chablis und in Burgund fällt er schlanker, trockener und frischer aus als in den wärmeren Regionen von Australien, Neuseeland, Südafrika und im Languedoc, wo er die reiferen Aromen tropischer Früchte annimmt. In Chile oder der Gegend um Limoux in Südfrankreich erinnert er an Zitrusfrüchte. Wenn er im Eichenfaß gereift ist, schmeckt er deutlich anders. Chardonnay ohne Faßausbau hat frische, saubere Fruchtaromen (trockener in Burgund, reifer auf der Südhalbkugel), während in Eiche ausgebauter Chardonnay von den eleganten, cremigen Burgundern und Kaliforniern mit Nußaromen bis zu den Aromen gerösteter Eiche der preisgünstigeren Chardonnays aus Osteuropa, Spanien und Südafrika reicht.

Chardonnay wird oft mit einer Sorte verschnitten, die ihn ergänzt, wie Sémillon, seltener mit Sauvignon oder weniger edlen Sorten wie Chenin, Colombard oder Viura, deren Zugabe vor allem die Gesamtkosten des Weins niedrig halten helfen.

## Sauvignon Blanc

Diese Sorte liefert eine außerordentliche Vielfalt von Stilen, obwohl die meisten Weinfreunde zunächst an die frischen, herben, grünen Stachelbeeraromen denken, die für die Sauvignons von der Loire und vor allem aus Neuseeland so typisch sind. Wie Chardonnay entwickelt Sauvignon sich verschieden, je nachdem, wo er wächst, doch den ansprechendsten Charakter und die typische frische Säure entwickelt er nur in kühleren Anbaugebieten.

Sauvignon harmoniert weniger gut mit Eiche; sie droht seine natürliche, frische Säure zu überdecken, doch Spitzengewächsen kann Eiche eine gewisse Üppigkeit und Langlebigkeit verleihen. In jüngeren Weinen, wie etwa kalifornischem Fumé Blanc, sorgt sie für einen viel weicheren Stil, der einem Sauvignon-Liebhaber nicht unbedingt gefallen muß. Für die meisten Erzeuger ist Ausbau in Eiche wenig sinnvoll, da preisgünstiger Sauvignon am besten jung getrunken wird.

Die Heimat des Sauvignon ist das Loiretal, wo ein frischer, mineralischer Wein mit Feuersteinnoten wächst, wie man sie in Sancerre und Pouilly-Fumé und weniger bekannten Appellationen wie Quincy und Menetou-Salon findet. In Bordeaux erreicht er im Verschnitt mit Sémillon (s. u.) klassische Größe und ergibt für sich allein Weine mit frischen Zitrusaromen. Die preislich günstigsten europäischen Sauvignon-Weine findet man in Ungarn, dessen Kellermeister sich darauf verstehen, die grasigen Stachelbeerenaromen herauszuarbeiten, die man in den Spitzengewächsen findet.

Auf der Südhalbkugel ist Marlborough auf Neuseeland mit seiner bislang weltweit unerreichten, durchdringend intensiven Fruchtigkeit der Maßstab für Sauvignon aus der «Neuen Welt», aber die Konkurrenz holt mächtig auf: Chile und Südafrika, wo einige exquisite und elegante Weine sowie große Mengen von einfacherem Sauvignon erzeugt werden, der einen hervorragenden Gegenwert fürs Geld bietet.

## Riesling

Obwohl einige der größten und eigenständigsten Weine aus Riesling gewonnen werden, kann es schwierig sein, auf seinen Geschmack zu kommen. Junger Riesling kann eine scharfe Säure haben, und oft dauert es Jahre, bis er jene köstlich-süßen, öligen Petrolnoten entwickelt, die seine Anhänger so schätzen. Keine andere Sorte kommt ihm gleich: erfrischend, elegant und saftig – es ist, als beiße man in optimal reife Weinbeeren.

Deutschland ist unbestritten die Heimat der großen Riesling-Weine, aber sein Stil ändert von Region zu Region (von der aufregenden, rassigen Säure der Mosel zu den opulenteren Gewürznoten der Pfalz und des Rheingaus) und in der Süße (von knackigen Kabinettweinen, die an frische Äpfel erinnern, bis zu üppig-süßen Beerenauslesen und Trockenbeerenauslesen). Große Riesling-Weine werden auch im Elsaß erzeugt (sie erreichen einen höheren Alkoholgehalt) und in der Wachau in Österreich.

**Oben** *Sauvignon Blanc ist eine äußerst anpassungsfähige Rebsorte. Klassische, schlanke, frische und grasige Weine ergibt sie im Oberen Loiretal. Kräftigere, intensivere Aromen entwickelt sie in Neuseeland.*

**Linke Seite** *Chardonnay ist nicht einfach der Name eines Weins, sondern einer Rebsorte. Sie ergibt ganz unterschiedliche Weine: vom frischen, mineralischen Chablis oder Mâcon bis zu üppigen, tropischen Gewächsen mit wuchtiger Eichenholznote aus Kalifornien und Australien.*

Auch in der Neuen Welt ist Riesling heimisch geworden: in den kühleren Gebieten Südaustraliens (besonders im Clare Valley), wo er einen üppigeren und für Riesling-Einsteiger attraktiven fruchtigen Charakter entwickelt. Gut gedeiht die Sorte auch in Neuseeland, Kanada und im Staat New York.

## Sémillon

Ein Sorte, die unterschätzt wird, weil man sie oft mit anderen assembliert. Unverschnitten ergibt sie reiche Weine mit wunderbaren Aromen von karamelisierter Ananas und tropischen Früchten. Dieses Ananasaroma dringt auch noch durch, wenn Sémillon mit anderen Sorten (meistens Sauvignon Blanc oder Chardonnay) verschnitten wird, aber nur selten erntet Sémillon die Lorbeeren dafür.

Im Hunter Valley in Neu Südwales liefert die Sorte außerordentliche Weine, die sich jahrelang lagern lassen. Doch ein wahrer Star ist Sémillon in der Weißweinerzeugung im Bordelais, wo er, mit Sauvignon verschnitten, schöne trockene Weine und die berühmten Süßweine der Appellation Sauternes ergibt.

## Chenin Blanc

Im Anbau unproblematisch und ertragreich, ist Chenin Blanc in der Neuen Welt, vor allem in Südafrika, zu einer beliebten Sorte geworden. Sie kann attraktive, runde Weine ergeben, aber auch stechend scharf oder unangenehm pflanzlich schmecken. Richtig ausgebaut, können die frischen Aromen an einen leichten Chardonnay erinnern.

Im Loiretal ist Chenin Blanc kaum wiederzuerkennen und ergibt trockene, halbtrockene und süße Weine mit unglaublichen Honigaromen, die sich mit der Lagerung entwickeln. Die Sorte wird auch zu Schaumweinen wie Saumur und Crémant de Loire verarbeitet.

## Weniger bekannte weiße Sorten

**Colombard:** Eine sehr ertragreiche Sorte, die in Frankreich den Grundwein für Cognac und Armagnac liefert und zu frischen, unkomplizierten, etwas blumigen Weißweinen wie dem Vin de Pays des Côtes de Gascogne gekeltert wird.

Colombard wird auch in der Neuen Welt angebaut – in Kalifornien, Südafrika und Australien – wo er ein ein reiferes Aroma von tropischen Früchten entwickelt und als preisgünstiger Ersatz oder Verschnittpartner für Chardonnay dient.

**Gewürztraminer:** Diese Sorte ist im wahrsten Sinne Geschmackssache – mit ihrem charakteristischen, durchdringenden Aroma, das mit Litschis, Rosenblättern und Türkischem Honig verglichen worden ist. Ihre höchste Vollendung erreicht sie im Elsaß, wo sie außerordentlich üppige, langlebige halbsüße Weine und Dessertweine ergibt.

Auch die Neue Welt interessiert sich zunehmend für Gewürztraminer (oder Gewürz, wie er hier kurz genannt wird). Südafrika, Chile und Oregon warten mit ansprechend fruchtigen Mustern auf.

**Muskateller, Muscat:** Von allen Rebsorten schmeckt Muscat am traubigsten. Obwohl man ihr auch in trockenen sortenreinen Weinen oder Verschnitten begegnen kann, gründet ihr Ruf in Dessertweinen. Die Sorte kennt unzählige Erscheinungsformen, vom perlenden Moscato d'Asti über den leichten, erfrischenden Moscatel de Valencia bis zu verstärkten Süßweinen wie Muscat de Beaumes de Venise aus Südfrankreich. Muscat wird auch im Gebiet von Rutherglen bei Victoria in Australien angebaut, wo er einen üppigen Likörwein ergibt.

**Pinot Gris, Pinot Grigio:** Die beiden verschiedenen Namen dieser Sorte deuten auch zwei völlig verschiedene Stile an: Pinot Grigio, wie er in Italien heißt, ergibt einen frischen, sauberen Weißwein, der so jung wie möglich getrunken werden sollte. Pinot Gris, eine Elsässer Spezialität, ist opulenter und ergibt Weine, die im Stil von trocken und körperreich bis verschwenderisch süß reichen und ein großes Alterungspotential haben. Auch die Neue Welt, vor allem Oregon, interessiert sich für diese Sorte, als Alternative zum Chardonnay.

**Viognier:** Noch vor ein paar Jahren war sie nahezu unbekannt, die Sorte mit dem exotischen Aroma, die den Condrieu, den nicht viel bekannteren, teuren Weißwein von der nördlichen Rhone, ergibt. Seither wurden im Languedoc und in der Neuen Welt, besonders in Kalifornien, große Flächen damit bepflanzt. Wie Muscat sticht auch Viognier beim Verschneiden schon in kleinen Mengen heraus und kann an ihrem feinen Aprikosenaroma leicht erkannt werden.

**Oben** *Gewürztraminer mit seinen zart rosafarbenen Beeren mag man entweder sehr – oder gar nicht. Der Wein hat deutlich exotische Aromen (und ist oft der perfekte Begleiter für die chinesische oder südostasiatische Küche).*

**Linke Seite** *Riesling ist eine Sorte, die einige der aufregendsten Weine der Welt ergibt. Ihre erfrischende Säure verleiht den Weinen große Eleganz; sie können knackig und apfelfrisch sein oder üppig süße Honignoten haben; Rieslinge passen zu ganz verschiedenen Gerichten.*

# DIE WICHTIGSTEN SORTEN FÜR ROTWEIN

## Cabernet Sauvignon

Diese Sorte ist für Rotwein, was Chardonnay für Weißwein ist – praktisch jeder Produzent will ihn anbauen, jeder Weinfreund trinken.

Sie hat kleine Beeren mit dicken Schalen, die dem Wein Struktur und Körper geben und ihn langlebig werden lassen. Nur selten fallen Cabernet-Weine leicht aus, sie können sehr verschieden sein, je nachdem, ob sie aus dem ziemlich nördlich gelegenen Bordelais stammen, wo die Sorte trockene, elegante, bisweilen strenge Weine ergibt, oder von der viel heißeren Südhalbkugel, wo ein kräftiges Cassisaroma stärker hervortritt.

Auch bei Bordeaux liegen Welten zwischen der einfachen Frucht eines jungen Weins und der samtenen Opulenz eines zehnjährigen klassifizierten Crus aus einem guten Jahr. Weine mit einem hohen Cabernet-Anteil kommen traditionellerweise vom linken Ufer der Gironde, aus den berühmten Médoc-Gemeinden St-Estèphe, St-Julien, Pauillac und Margaux. Obwohl sie mit etwas Merlot assembliert werden, sind sie deutlich schlanker und weniger fruchtig als die Weine vom Merlot-dominierten rechten Ufer.

Ein fruchtbetonterer Stil wird in der Neuen Welt gepflegt, vor allem in der Region von Coonawarra in Südaustralien, wo ein üppiger Wein mit Pfefferminzaromen erzeugt wird. Chile produziert Weine mit besonders lebhafter Frucht, während die südafrikanischen Weine im Charakter schlanker und europäischer sind. Kalifornien ist die Region, die Cabernets am genauesten am klassisch französischen Stil orientiert; diese Weine sind Rivalen, was die Qualität wie den Preis betrifft.

## Merlot

Der Ruhm dieser Sorte hat nie die schwindelnde Höhe von Cabernet Sauvignon erreicht, obwohl sie im Bordelais mehr angepflanzt wird und das Rückgrat eines der gesuchtesten Weine der Welt ist: Pétrus. In Bordeaux vor allem als nützlicher Verschnittpartner für Cabernet angesehen, hat Merlot enorm vom Interesse der Neuen Welt profitiert. Seine geschmeidige Frucht macht ihn zu einem freundlichen Einstieg für die wachsende Zahl von Rotweintrinkern.

Im Charakter variiert Merlot nicht so stark wie Cabernet. Auch ohne Ausbau im Eichenfaß ergibt die Traube einen sanften, fruchtigen Rotwein, teurere Gewächse entwickeln eine typische, samtene Struktur oder reiche Schokoladennoten.

Im Unterschied zu Cabernet Sauvignon kann Merlot auch schon sehr jung getrunken werden und ist als fruchtiger Jungwein ebenso ein Genuß wie nach ein oder zwei Jahren Flaschenlagerung.

In der Neuen Welt wachsen die bemerkenswertesten Merlot-Weine in Chile und an der Westküste der USA, in Kalifornien und im Staat Washington. Südafrikanischer Merlot kann einen kräftigen Pflaumenton haben, in Neuseeland wird er erfolgreich mit dem eher schlanken Cabernet assembliert.

## Pinot Noir

Es heißt, man sei entweder ein Fan von Cabernet oder Burgunder, aber für die Pino-Noir-Liebhaber steht fest: Andere Sorten kommen und gehen, Pinot bleibt bestehen. Keine kommt ihr in schierer Sinnlichkeit gleich.

Ein guter Pinot Noir ist ein Kunstwerk. Großer Burgunder ist ebensosehr eine Frage des Tastsinns wie des Geschmacks, und nicht viele Anbaugebiete können diese feine, seidene Textur oder die reine Himbeerfrucht hervorbringen, die sich im Lauf der Lagerung in Wild- und Trüffelnoten verwandelt. Im Elsaß und an der Loire keltert man gefällige, etwas blasse Nachahmungen, die Neue Welt erzeugt beeindruckende Pinot-Weine im Burgunderstil: in Oregon, den kühleren Teilen Kaliforniens und in Neuseeland.

In heißeren Klimazonen neigt Pinot Noir zu intensiverer Frucht, die sich vom Burgunder-Aroma recht deutlich unterscheidet. Rumänien beispielsweise produziert einige körperreiche Weine, ebenso Spanien und Italien. Pinot Noir wird auch in Österreich (unter dem Namen Blauburgunder), Deutschland (als Spätburgunder) und in der Schweiz mit Erfolg angebaut. In der Neuen Welt waren das kühlere australische Yarra Valley und Südafrika erfolgreich, dazu auch Chile, wo der Pinot wie die anderen Rotweine äußerst fruchtig ist.

## Syrah, Shiraz

Viele sind sich nicht bewußt, daß dies ein und dieselbe Sorte ist. Sie ergibt kräftige Weine mit chrakteristisch rauchigem, leicht teerigem Bukett, lebhaftem Aroma von roten Beeren und einem deutlich pfeffrigen Abgang.

Die besten Beispiele kommen von der nördlichen Rhone: konzentrierte, große Weine wie Hermitage und Cornas. Syrah ist auch an der südlichen Rohne verbreitet, wo sie oft mit Grenache zu sanfteren

**Oben** *Merlot ist im Stil weicher und zugänglicher als Cabernet Sauvignon und ergibt auf den Lehmböden von St-Emilion und Pomerol am rechten Ufer der Dordogne zwei der teuersten und berühmtesten Rotweine der Welt: Pétrus und Château Le Pin.*

**Linke Seite** *Cabernet Sauvignon hat kleine Beeren mit dicken Schalen und vielen Kernen und eignet sich ideal für langen Ausbau im Eichenfaß. Die besten Cabernet-Weine können jahrzehntelang reifen und lagern, die Mehrheit von ihnen kommt aus der Appellation Médoc nördlich der Stadt Bordeaux.*

und geschmeidigeren Weinen verschnitten wird. Sie gibt auch vielen südfranzösischen Rotweinen Rückgrat.

Doch das Land, das am meisten für die Verbreitung von Shiraz getan hat, ist Australien. Shiraz ist ebenso konzentriert wie der französische Syrah, aber viel süßer und fruchtiger. Syrah wächst auch in Argentinien und Kalifornien und in zunehmendem Maße in Südafrika (wo die Sorte ebenfalls Shiraz heißt).

## Weniger bekannte Sorten für Rotwein

**Cabernet Franc:** Noch mehr als Merlot ist diese Sorte der «unbesungene Held» von Bordeaux, dank seiner früheren Reife und besseren Kälteresistenz als Cabernet Sauvignon ein wertvoller Bestandteil vieler Assemblagen. Die Sorte ist leichter, fruchtiger und säurebetonter als Cabernet Sauvignon, ergibt aber in der Neuen Welt (Kalifornien, Südafrika und den Staaten New York und Washington) Weine von großer Kraft und Persönlichkeit.

Cabernet Franc ist auch in Südwestfrankreich, Osteuropa und Friaul weit verbreitet, doch die Gegend, wo die Sorte höchsten Glanz erreicht, ist das mittlere Loiretal. Hier ergibt sie elegante, fruchtige Rotweine wie Bourgueil, Chinon und Saumur-Champigny.

**Gamay:** Fast jeder kennt Beaujolais, aber wenige wissen, daß er aus der Sorte Gamay gekeltert wird. Sie hat einen deutlich erkennbaren Charakter – leicht, saftig und fruchtig –, als Beaujolais nouveau ein unnachahmliches Bananen-Kaugummi-Aroma. Gamay ergibt auch an der Loire leichte Rotweine im Stil eines Beaujolais.

**Grenache, Garnacha:** Die meistverbreitete Rotweintraube der Welt, stiller Teilhaber in vielen der bekanntesten Rhoneweine (von Côtes du Rhône bis Châteauneuf-du-Pape) und Weinen aus dem Languedoc, Roussillon und Spanien. Als ausgesprochen ertragreiche Sorte wurde Grenache zu eher leichten, dünnen Rotweinen mit Erdbeernote verarbeitet, doch ein wiedererwachtes Interesse an den Weinen, die aus älteren Reben gewonnen werden können, brachte üppigere, körperreichere Beispiele. Einige gute Grenache-Weine kommen aus Australien und Kalifornien.

**Mourvèdre:** Eine hocharomatische und kraftvolle Sorte, die in vielen südfranzösischen Rotweinen enthalten ist, besonders in der Provence, wo sie im Bandol die dominante Sorte ist. Sie ist unter dem Namen Monastrell auch in Spanien weit verbreitet und ergibt kräftige, körperreiche Rotweine wie Jumilla. In Australien heißt sie Mataro und wird oft mit Shiraz verschnitten.

**Nebbiolo:** Diese Sorte ist das Rückgrat der zwei größten Rotweine Nordwestitaliens: Barolo und Barbaresco. Als hocharomatische, spätreifende Sorte hat sie reichlich Tannine, die jahrelange Faßreifung nötig machen. Die Resultate können großartig sein.

**Pinotage:** Als Kreuzung zwischen Pinot Noir und Cinsault (oder Hermitage, wie man diese Sorte in Südafrika nannte) ist Pinotage Südafrikas Prunkstück – auch wenn es sehr darauf ankommt, wie die Sorte vinifiziert wird. Wenn die Reben nicht zurückgeschnitten werden, entstehen bloß süßliche Zechweine. Werden die Erträge aber niedrig gehalten, ergeben alte Rebstöcke tiefe, schwere Weine.

**Sangiovese:** Bis vor kurzem war dieser Name kaum je auf einem Etikett zu lesen, obwohl die Sorte in Italien bei der Produktion von Chianti und vielen anderen Rotweinen eine wichtige Rolle spielt. Sie ergibt meistens leichte, fruchtige, geschmeidige und eher säurebetonte Weine, kann aber in Gebieten wie Brunello di Montalcino und als Verschnittpartner in sogenannten Supertoskanern wahrhaft gewichtige Weine hervorbringen.

**Tempranillo:** Spaniens Sorte mit dem besten Ruf hat eine verwirrende Vielzahl von Namen: Tempranillo in der Region Rioja, Tinto Fino in Ribera del Duero und Cencibel in Valdepeñas. Junger Tempranillo ist lebhaft fruchtig, aber diese Eigenschaft wird oft von langem Ausbau auf Eichenholz übertönt, besonders in Weinen mit dem Etikett «Reserva» oder «Gran Reserva», die mehrere Jahre Faß- und Flaschenreifung hinter sich haben, bevor sie auf den Markt kommen.

**Zinfandel:** Kaliforniens große Sorte ergibt wie Pinotage ein außerordentlich breites Spektrum von Weinen, von süßen, hellroten «Weißen» bis zu schweren, alkoholreichen «Killer Zins» mit 14 Volumenprozent (den weitaus interessanteren Weinen). In Europa wird er nicht angebaut (doch der süditalienische Primitivo soll dieselbe Sorte sein). Auch aus Südafrika kommen einige erfolgreiche Beispiele.

**Oben** *Syrah (Shiraz) ergibt einige der kräftigsten Rotweine der Welt. Die besten Beispiele kommen von der nördlichen Rhone in Frankreich, aus dem Barossa Valley und aus dem Hunter Valley in Australien. Allen gemeinsam sind die tiefdunkle Farbe, starke Gerbsäure und intensive Frucht mit pfeffriger Note.*

**Linke Seite** *Pinot Noir dagegen liefert einige der delikatesten und feinsten Rotweine. Die Sorte ist anfällig gegenüber Pilzkrankheiten und anspruchsvoll in der Behandlung, kann aber außerordentlich ätherische und zugleich sinnliche Weine hervorbringen; sie hat ungezählte Anhänger.*

# KLIMA, BODEN UND REBEN

Wenn Kellermeister in Europa und der Neuen Welt in einem übereinstimmen, dann darin, daß sie Trauben der allerbesten Qualität brauchen. Mit ihnen kann noch der Unbegabteste einen anständigen Wein zustande bringen, ohne sie wird auch der Beste zu kämpfen haben.

Aber wie erhält man sie? In Europa, besonders in Frankreich, ist die beste Garantie für Qualität ein Rebberg mit idealem Boden, Lage und Klima für die Sorte, die man anzubauen wünscht – die Franzosen nennen das *Terroir*. Die strikten Vorschriften des Systems der *Appellation contrôlée* bestimmen, welche Sorten zulässig sind, wie dicht die Reben gepflanzt werden dürfen und welcher Höchstertrag erlaubt ist.

In Ländern, die erst seit kurzem Wein produzieren, lag der Schwerpunkt bisher in der Bewirtschaftung des Rebbergs – wie man die Reben beschneiden und erziehen muß, damit die Beeren optimal ausreifen. Auch vor Bewässerung oder maschinellem Beschneiden oder Lesen schreckt man nicht zurück – alles wird getan, um die höchste Effizienz der Reben zu gewährleisten.

Was andere Aspekte der Weinerzeugung betrifft, sind die Grenzen zwischen den zwei Auffassungen weniger deutlich als früher. Französische Winzer schenken der Rebenerziehung und dem Beschnitt größere Aufmerksamkeit als früher. Australische Produzenten sind sich immer mehr der Vorteile bewußt, die richtige Sorte am richtigen Ort anzubauen.

Aber auch die sorgfältigste Planung und Kontrolle kann nicht bis ins letzte festlegen, wie ein Wein herauskommen wird. Trauben sind ein natürliches Erntegut wie jedes andere und letztlich von etwas abhängig, das grundsätzlich unvorhersagbar ist – dem Wetter.

## Die Bedeutung des Klimas

Reben sind zähe Pflanzen, aber auch sie wachsen nicht überall. Ist es zu kalt, reifen die Trauben nicht aus. Ist es zu heiß, entwickeln sie nicht die gewünschten Fruchtaromen. Für eine erfolgreiche Rebkultur muß der Winter genügend kalt sein, damit die Pflanzen eine Winterruhe einlegen und Kraft tanken können. Deswegen baut man am Äquator keinen Wein an.

Ebenso wichtig wie die Temperatur ist das Sonnenlicht; es ist unerläßlich für die Photosynthese, die den Zucker in den Trauben entstehen läßt. Lange, sonnige Tage vor der Lesezeit sind der Grund, weshalb Trauben in relativ kühlen Gebieten wie Deutschland ausreifen.

**Regen und Feuchtigkeit:** Ganz ohne Wasser können Reben nicht leben, aber sie überleben in sehr trockenem Klima. Je mehr sie zu kämpfen haben und je tiefer sie ihre Wurzeln in die Erde graben müssen, desto bessere Trauben werden sie wahrscheinlich tragen. Was Weinbauern sich wünschen, ist Regen zur richtigen Zeit – eher im Winter und Frühjahr als mitten in der Lese. Etwas Feuchtigkeit ist willkommen, insbesondere für die Entwicklung von Botrytis (der Pilz, der bei den Trauben die begehrte Edelfäule für Dessertweine hervorruft), aber zu viel führt zu weniger edlen Pilzkrankheiten.

**Gemäßigte Klimazonen:** Kontinentalklima mit heißem Sommer und hartem Winter ist schwieriger als gemäßigte Klimazonen mit Meereseinfluß. Im Staat Washington im Nordwesten Amerikas gibt es z. B. alle sechs Jahre Frostschäden wegen eines zu strengen Winters. In heißerem Klima dagegen sind Schwankungen zwischen Tages- und Nachttemperaturen vor allem für Weißwein wertvoll, weil sie für Frische und genügend Säure sorgen. Weinproduzenten meiden nach Möglichkeit Gegenden, die regelmäßig von starken Winden heimgesucht werden oder besonders frostexponiert sind.

**Jahrgänge:** Unabhängig von der Klimazone wechseln die Wetterbedingungen von Jahr zu Jahr. Das spielt nicht nur zur Lese eine Rolle, sondern auch im Frühjahr, wenn die Reben austreiben und blühen. Ist das Wetter sehr kalt oder naß, werden nicht genügend Blüten bestäubt, und die Zahl der Trauben ist geringer.

Die meisten Wetterbedingungen liegen außerhalb der Macht des Weinbauern. Gegen den Frost kann er zwar mit Öfen, Helikoptern oder Windmaschinen, die die Luft aufwirbeln, ankämpfen und so verhindern, daß die Luft unter den Gefrierpunkt fällt. Er kann auch Berieselungsanlagen einsetzen und die jungen Knospen zum Schutz gegen Frost mit einer Eisschicht überziehen. Schwere Regenfälle und Hagel sind viel größere Gefahren, besonders kurz vor der Lese: Sie können die Beeren verletzen, Schimmel ist die Folge.

In der Neuen Welt sind die Schwankungen zwischen den einzelnen Jahrgängen geringer als in Regionen, die an der Vegetationsgrenze für Reben liegen, wie die Loire, Burgund und Deutschland. Die Auswirkungen sind weniger heftig, wenn der Wein eines Jahres mit Weinen der Vorjahre verschnitten wird wie in der Champagne.

**Oben** *Die Kiesböden um Bordeaux beweisen, daß ein Untergrund, der auf ersten Blick mager aussieht, für den Weinbau oft ideal ist: Er zwingt die Rebe dazu, ihre Wurzeln auf der Suche nach Wasser und Nahrung tief in die Erde voranzutreiben.*

**Linke Seite** *Diese sauberen Spalierreben in Kalifornien verkörpern modernen kommerziellen Weinbau im großen Maßstab. Sie sind so ausgerichtet, daß möglichst viele Arbeiten (Rückschnitt und Lese) maschinell erledigt werden können.*

## Die Wahl des besten Weinbergs

Der ideale Rebberg für den einen Wein muß nicht zwingend der beste für einen andern sein. Wer einen leichten, preisgünstigen, fruchtigen Kurantwein produzieren will, sucht ein Grundstück, das sich leicht bearbeiten läßt und den größtmöglichen Ertrag abwirft. Wer höhere Qualität anstrebt, wählt einen Rebberg, der weniger, aber bessere Trauben liefert.

**Lage:** Im Großklima jeder Region ist es möglich, ein besonders günstiges Mikroklima zu finden – einen Hügelzug, der den Regen abhält, so daß die andere Seite eher trocken ist, oder in Küstenzonen wie Kalifornien kühlende Morgennebel, die vom Meer her aufsteigen. Wichtig ist auch die Exposition des Rebbergs. In kühleren Gebieten sind Hänge mit maximaler Sonneneinstrahlung am begehrtesten.

**Boden:** Im Unterschied zu anderen Bauern sucht der Weinbauer nicht besonders fruchtbare Böden, weil diese bei den Reben Blätter-Überproduktion und zuwenig Trauben zur Folge haben können. Der ideale Boden staut keine Nässe und entwässert rasch, bleibt aber in Reichweite der tiefsten Wurzeln der Rebe feucht. Einige der besten Rebberge sehen überraschend unwirtlich aus, sind mit grobem Geröll übersät, und es scheint ein Wunder, daß darin überhaupt eine Pflanze wächst. Diese Steine unterstützen den Reifungsprozeß, indem sie tagsüber die Hitze speichern und sie nachts an die Rebe abgeben.

Es gibt Böden, die dem Wein einen besonderen Geschmack und Charakter geben (die Franzosen sprechen von *Goût de terroir*). Dazu gehören etwa die mineralreiche «Terra rossa» von Coonawarra in Südaustralien, die dem Cabernet Sauvignon eine besondere Intensität verleiht, oder die alten Sandstein- und Lehmböden von Chablis, die dem Wein eine stahlige, mineralische Note geben.

## Die Wahl der richtigen Sorte

Nach der Wahl eines Weinbergs muß der Winzer sich entscheiden, welche Sorten er anbauen will. Es ist sinnlos, in Deutschland eine Sorte wie Syrah zu pflanzen, die ein heißes Klima braucht, um auszureifen – oder eine langsam reifende wie Riesling im kalifornischen Central Valley. Einige Sorten wie Pinot Noir und Mourvèdre sind als schwierig bekannt und wären keine gute Wahl, wenn nicht die Aussicht besteht, einen anständigen Preis für den Wein zu erzielen.

**Klone:** Innerhalb der gewählten Sorte muß der Winzer entscheiden, welche Klone er anbauen will. Diese Entscheidung basiert auf einer Vielzahl von Überlegungen. Einige Klone sind ertragreicher und resistenter gegen Krankheiten. Andere mögen dafür typischer sein für den Stil des Weins, den der Produzent erzeugen will, z. B. weißen oder roten Burgunder. Oft zeigt erst die Praxis, welche Klone sich in einem Weinberg am besten bewähren. In Oregon beispielsweise stellten viele Weinbauern fest, daß ein Burgunder Chardonnay-Klon dem kühlen Klima besser angepaßt war als die zuerst angebauten aus dem warmen Kalifornien. Deswegen machen viele Winzer Versuche mit mehreren verschiedenen Klonen einer einzelnen Sorte.

**Wurzelstöcke:** Seit dem Wiederauftreten der Reblaus (Phylloxera), die im letzten Jahrhundert den Rebenbestand der ganzen Welt dezimiert hatte, werden viele Reben heute auf einen resistenten Wurzelstock gepfropft. Er macht die Rebe nicht nur gegen die Krankheit immun, durch ihn läßt sich auch das Wachstum der Rebe steuern.

**Pflanzdichte:** Wie weit der Abstand zwischen den einzelnen Reben ist, beeinflußt deren Ertrag; in der Neuen Welt ist die Frage wichtiger, ob sie weit genug auseinander stehen, daß eine Lesemaschine hindurchfahren kann. Bei fruchtbarem Boden bedeutet dichte Bepflanzung, daß die Reben untereinander im Wettkampf um die Nahrung stehen. In einer trockenen Gegend wird man sie weiter auseinander pflanzen, um ihnen bessere Überlebenschancen zu geben.

**Rebenalter:** Der Stil eines Weins wird vom Alter der Reben mitbestimmt. Jüngere (mindestens dreijährige) Reben ergeben eher Weine mit attraktiver Frucht, aber wenig Tiefe oder Komplexität. Zwanzig-, dreißigjährige Reben sind weniger ertragreich, ergeben aber intensivere Weine. Die meisten Reben liegen im Alter irgendwo dazwischen. Produzenten, die in ihrem Weinberg ältere Reben haben, weisen für gewöhnlich auf dem Etikett darauf hin, z. B. mit dem Zusatz «Old Vine» oder «Vieilles Vignes».

**Oben** *Dieser hundertjährige Shiraz-Rebstock ist noch immer voll im Saft, wie wir auf dem Foto sehen. Er wird nicht viele Trauben tragen, aber deren Beeren dürften einen Wein von großer Konzentration und Komplexität ergeben.*

**Linke Seite** *Die großen, glatten Steine in den Rebbergen von Châteauneuf-du-Pape sind für den Reifungsprozeß wichtig: Sie speichern die Sonnenhitze und geben diese nachts wieder an die Beeren ab.*

## Rebenpflege

Sich selbst überlassen, wachsen Reben wild drauflos, doch was der Winzer will, sind Trauben von guter Qualität, kein Wildwuchs. Es gibt mehrere Wege, dies zu erreichen.

**Rebenerziehung und Spalier:** Auf der Reise durch Weinregionen ist Ihnen vielleicht schon der Unterschied zwischen dem traditionellen einzelnen Rebstock und dem typisch modernen Weinberg mit sauberen Spalieren aufgefallen. Guter Wein kann in beiden entstehen, doch aus praktischen Gründen ziehen manche Produzenten das Spaliersystem vor, weil es ihnen mechanische Beschneidung und Lese erlaubt und die Neuanordnung der einzelnen Zweige für maximale Sonnenbestrahlung ermöglicht.

**Rückschnitt:** Wie stark eine Rebe zurückgeschnitten werden soll, darüber läßt sich streiten. Die meisten Weinbauern nehmen einen Winterschnitt vor, um die Zahl der Triebe (und damit auch der Trauben) im kommenden Jahr zu begrenzen. Um die Zahl der Trauben weiter zu reduzieren und den Ertrag in Grenzen zu halten, kann ein Sommerschnitt (*Vendange verte*) durchgeführt werden.

Mehr Gewicht wird heute dem «Blätterdach» einer Rebe beigemessen. Ist es zu üppig, schießt die Energie eher in die Blätter als in die Beeren. Mit einem Rückschnitt kann ein Winzer die Traubenqualität merklich beeinflussen, insbesondere bei Sauvignon.

**Bewässerung** ist in Europa ein gefühlsgeladenes Thema und in einigen Gebieten sogar verboten. Die Begründung lautet, zu viel Bewässerung verdünne den Saft – in Europa haben die meisten Rebberge sowieso genügend Niederschlag. In einigen Gebieten der Neuen Welt dagegen würden die Reben ohne Bewässerung verdorren, und die ausgeklügelten Tropfsysteme, die der Rebe exakt die benötigte Wassermenge liefern, bedeuten keinen Qualitätsverlust.

**Behandlung, Spritzen:** Schädlings- und Krankheitsbekämpfung beeinflussen den Stil eines Weins nur insofern, als sie für gesundes Traubengut sorgen. Der Trend geht in Richtung natürlichere, «grüne» Methoden, der Einsatz von Chemikalien und Dünger wird auf ein Minimum beschränkt; natürliche Gründeckung und Insektenpopulationen sollen Krankheiten und überstürztes Wachstum in Schranken halten.

## Die Weinlese

Den richtigen Zeitpunkt für die Lese zu wählen ist eine der wichtigsten Entscheidungen, die ein Weinproduzent fällen muß, und wie leicht kann er sich dabei irren! Erntet er, bevor die Beeren voll ausgereift sind, kann der Wein scharf, sauer oder grün und kraftlos ausfallen. Läßt er sie zu lange am Rebstock, können sie ihre Frische verlieren und welk werden. Und immer besteht die Gefahr eines plötzlichen Unwetters, das die ganze Ernte vernichten könnte. Moderne Erzeuger kontrollieren den Zustand ihrer Weinberge regelmäßig und prüfen den Reifegrad der Beeren täglich.

Obwohl der ideale Zeitpunkt für die Lese vom Weintyp abhängt (für Champagner ist es besser, die Trauben zu lesen, solange sie einen hohen Säurepegel haben), sind die Produzenten heutzutage eher gewillt, ein höheres Risiko einzugehen und die Trauben so lang wie möglich reifen zu lassen. Solche Weine werden auf dem Etikett z. B. als «Spätlese» oder «Late Harvest» bezeichnet.

**Maschinell oder von Hand:** In der Theorie besteht zwar die Wahl, doch in erster Linie entscheiden praktische Gegebenheiten: Ist der Rebberg für maschinelle Ernte geeignet? Gibt es eine geschulte Lesemannschaft? Erlauben die gesetzlichen Vorschriften der Region überhaupt eine maschinelle Ernte? (In der Champagne z. B. ist sie verboten.)

Maschinelle Ernte ist schnell, zuverlässig und relativ billig – und es kann nachts geerntet werden, wenn die Beeren am kühlsten sind. Handlese ist dagegen genauer und entscheidend, wo eine Selektion vorgenommen werden soll, z. B. bei der Lese von edelfaulen Beeren. Die meisten traditionellen Weingüter in Regionen wie dem Bordelais, Burgund und an der Mosel lesen noch von Hand, ebenso Länder mit billigen Arbeitskräften wie Südafrika und Chile. In Australien wird zumeist maschinell geerntet.

**Das Kühlhalten** der Trauben ist nach der Wahl des richtigen Zeitpunktes der wichtigste Punkt. Bei einer Lese in größter Tageshitze besteht die Gefahr, daß die Beeren zu oxidieren beginnen und ihre Frische verlieren, deswegen findet die Lese – ob von Hand oder maschinell – meist am frühen Morgen, wenn nicht in der Nacht statt. Über weitere Strecken transportiert man die gelesenen Trauben oft in einem Lastwagen mit Kühlvorrichtung.

**Oben** *Lesemannschaft auf Château d'Yquem. Es kann sein, daß sie bis zu einem halben Dutzend Mal losgeschickt werden. Sie lesen nämlich nur gerade die Beeren, die am stärksten von Edelfäule befallen sind. Das ist der Schlüssel zu guten Spätlesen – zeitaufwendig, risikoreich und sehr, sehr teuer.*

**Linke Seite** *Bewässerungsschläuche wie diese sind in den meisten Anbaugebieten Europas verboten, in den heißeren, trockeneren Teilen der Neuen Welt jedoch verbreitet. Sie können mit einem Computer gesteuert werden, der jeder Rebe die richtige Wassermenge zumißt.*

# KELLERTECHNIK

Wenn Sie eine große, moderne Kellerei besuchen, werden Sie staunen: Sie stehen vor Reihen haushoher Stahltanks, die durch Rohre und ein ganzes Klettergerüst aus Leitern und Stegen miteinander verbunden sind. Computergesteuerte Anlagen prüfen die Temperatur jedes Tanks Minute für Minute. In Kellern von der Größe eines Fußballplatzes fahren Gabelstapler gefährlich schnell herum. Die romantische Vorstellung von einem kleinen französischen Weingut mit ein paar Zementtanks und einigen Fässern in einem spinnwebverhangenen Lagerkeller ist längst Geschichte (aber es gibt sie noch, diese Winzer). Und doch hat sich grundsätzlich nichts geändert: Aus gepreßten Trauben entsteht dank alkoholischer Gärung Wein.

Der große Unterschied liegt in in der Kontrolle und den Steuermöglichkeiten, die den Weinproduzenten heute zur Verfügung stehen. Früher war die Vinifikation für viele kleine Winzer eher Glückssache, heute können die Kellermeister mit ihrem Traubengut praktisch machen, was sie wollen. Sie können die Gärtemperatur festlegen, so daß auch in den heißesten Gegenden frische, fruchtige Weine entstehen. Für Eichenholznoten sind sie nicht mehr auf teure Fässer angewiesen, sie können Späne einsetzen. Sie haben ausgeklügelte Maschinen: extra sanfte Keltern und aromaschonende Filter, dazu eine Laborausrüstung, die jeden Prozeß kontrolliert und steuert.

Wieviel ein Weinproduzent aus dieser technischen Wundertüte einsetzt, hängt davon ab, wo seine Reben stehen, wie gut seine Kellerei ausgerüstet ist – und von der Preisklasse, in der er seinen Wein ansiedeln will. In manchen Regionen sind gewisse Techniken verboten (z. B. der Einsatz von Eichenholzspänen). Bei billigeren Weinen ist das Ziel ein einfacher, frischer, fruchtiger Wein, der möglichst rasch auf Flaschen gezogen wird. Bei Qualitätswein liegt der Schwerpunkt in der individuellen Behandlung der verschiedenen Traubenqualitäten.

Jeder Kellermeister hat seine eigene Arbeitsweise. Manche sind risikofreudiger und erlauben ihrem Wein eine höhere Gärtemperatur, verzichten auf Reinzuchthefe und Filtrierung. Andere entscheiden sich für größere Sicherheit. Sie arbeiten mit den folgenden Techniken.

## Die Weißweinkelterung

Der größte und augenfälligste Unterschied zwischen Weiß- und Rotweinerzeugung liegt in der Farbe. Bei Weißwein soll der Saft keine Farbe aus den Beerenhäuten aufnehmen – die Trauben werden gepreßt, der Most abgezogen, noch bevor die Gärung einsetzt. Oberstes

Ziel des Kellermeisters ist es, das natürliche, frische Traubenaroma zu erhalten, indem er den Most kühl hält und vor Luftkontakt schützt. Dies erreicht er zum einen durch verschlossene Behälter, zum andern durch den Zusatz von schwefliger Säure und Askorbinsäure, die den noch vorhandenen Sauerstoff binden, bevor er die Trauben braun färbt und im Geschmack stumpf werden läßt.

Zunächst werden die Trauben gemahlen, d. h. möglichst schonend gequetscht, damit die Kerne nicht verletzt werden, die sehr bittere, spröde schmeckende Gerbstoffe enthalten. Aus demselben Grund werden die Beeren üblicherweise entrappt, d. h. von den Stielen getrennt. Dabei entsteht der sogenannte Vorlaufmost, der ein besonders reines Fruchtaroma hat und getrennt verarbeitet werden kann.

Will der Kellermeister aus den Beerenschalen mehr Aroma und Körper gewinnen, kann er die Maische (das Gemisch aus Schalen, Fruchtfleisch und Kernen) ein paar Stunden im Abtropfbehälter ruhen lassen, bevor er sie keltert, d. h. preßt. Auch die Pressung geschieht möglichst vorsichtig, um keinen herben Geschmack zu erhalten. Dann wird der Most entschleimt, d. h. vorgeklärt, entweder durch die Absetzmethode (man senkt die Temperatur auf 5–8 °C, die Feststoffe setzen sich) oder durch Filtration, und in einen Gärtank abgezogen. Ziel ist es, für die Gärung den saubersten, frischesten Most zu erhalten.

**Welche Hefe?** Damit die Gärung in Schwung kommt, braucht es Hefe. Früher wurden die wilden Hefestämme verwendet, die schon auf den Beerenschalen im Rebberg und im Gärkeller vorkamen, heutzutage arbeiten die meisten Kellermeister mit Reinzuchthefen aus dem Labor. Diese Stämme sind viel zuverlässiger, und zudem können sie bestimmte blumige und fruchtige Aromen betonen.

**Aufzuckerung:** Durch die sogenannte Chaptalisierung wird der Alkoholgehalt des Weins erhöht. In Nordeuropa ist sie üblich, in südlichen Weinbauregionen wie Australien dagegen verboten.

**Gärtechnik:** Üblich sind Gärtemperaturen um 12–15 °C für einfache, frische, fruchtige Weine, 18–20 °C für körperreichere Weine; höhere Temperaturen fördern die Entwicklung komplexerer Aromen. Der Most kann einfach in Stahltanks vergoren werden, so behält er seine Frische. Ein körperreicherer Stil wird erreicht, wenn man ihm während der Gärung Eichenholzspäne zusetzt – oder durch

*Dies sind vielleicht nicht die Bilder, die Sie aus Bordeaux* (**oben**) *und Châteauneuf-du-Pape* (**linke Seite**) *erwarten würden, doch sie illustrieren, wie weit sich die Kellertechnik von den romantischen Vorstellungen spinnwebverhangener Faßkeller entfernt hat. Es mag noch kleine Winzerbetriebe dieser Art geben, doch werden sie von modernen, gutausgerüsteten Kellereien verdrängt, die ihre Weinproduktion besser kontrollieren und steuern können.*

Faßgärung, die einen Wein von besonders reichem, cremigem Stil hervorbringt. Je nachdem werden verschiedene Kellertechniken eingesetzt und die dabei entstandenen Weine miteinander verschnitten. Bei trockenen Weißweinen wird aller in den Beeren enthaltene Zucker in Alkohol verwandelt. Bei etwas süßerem, halbtrockenem Wein stoppt man die Gärung früher (üblicherweise durch Zusatz von schwefliger Säure), etwas Restsüße bleibt übrig.

**Malolaktische Gärung:** Beim biologischen Säureabbau wird die im Wein enthaltene herbe Apfelsäure zu milderer Milchsäure abgebaut. Die «Malo» setzt entweder spontan ein oder wird durch den Zusatz von Bakterien eingeleitet. Bei den meisten Rotweinen ist sie erwünscht, bei Weißweinen entscheidet sich der Kellermeister bewußt dafür oder dagegen, je nachdem, ob er seinem Wein eine frische, kantige Note erhalten will oder einen weicheren, runderen Stil anstrebt.

**Hefekontakt** ist eine weitere Möglichkeit, Aromen und Struktur eines Weins zu bereichern. Dabei wird der Wein vor dem Abstich während mehrerer Wochen auf der abgestorbenen Hefe belassen, manchmal wird diese auch aufgerührt. Diese Technik wird oft bei der Faßgärung angewandt und reduziert den Eichenton neuer Fässer.

**Faßausbau:** Frische, knackige Weißweine ausgenommen, wird mindestens ein Teil einer Assemblage entweder im Faß vergoren oder nach der Gärung zur Reifung (von ein paar Wochen bis zu mehreren Monaten, vgl. S. 32–33) auf Fässer abgezogen. Fässer geben dem Wein nicht nur Holz- und Röstaromen, sie haben auch eine höhere Lagertemperatur und ermöglichen eine gewisse Oxidation, die komplexere Aromen hervorbringt.

**Klärung und Filtration:** Dann werden die meisten frischen, fruchtigen Weine vor der Abfüllung geklärt: Eventuell einem Kälteschock ausgesetzt, um Weinstein auszufällen (die vollkommen harmlose Substanz kann sonst in der Flasche Kristalle bilden). Dann wird Bentonit (eine Art Lehm) hinzugefügt, um die größeren Partikel zu binden – sie sinken zu Boden und bleiben beim Abstich im Lagergefäß zurück. Im allgemeinen wird der Wein auch filtriert, man versucht aber, allzu starke Filtration zu vermeiden, weil sie auch Aromen beseitigt. Eine letzte Zugabe von schwefliger Säure oder Askorbinsäure soll Oxidation oder Nachgärung in der Flasche verhindern. In dieser Phase kann der Kellermeister den Säuregehalt und die Süße eines Weins noch korrigieren. Ist der Wein zu herb, kann er chemisch entsäuert werden. Sollte er etwas süßer sein, kann man Traubenkonzentrat hinzufügen.

**Verschneiden:** Die hohe Kunst des Kellermeisters liegt darin, die verschiedenen Komponenten zu einem harmonischen Wein zu assemblieren. Welche er mit welchen verschneidet, hängt davon ab, wie viele verschiedene Weine zu welchem Preis er produzieren will. Eine Großkellerei kann beispielsweise mehrere verschiedene Weine für verschiedene Kundenkreise kreieren. Ein kleineres Weingut erzeugt vielleicht nur zwei Typen – einen Standardwein und eine teurere «Reserve». Ein typischer New-World-Chardonnay der mittleren Preisklasse wird ein Verschnitt aus fünf bis sechs Weinen sein, 30 bis 40 Prozent davon in Eiche ausgebaut, ein Teil nur im Tank, der Rest mit verschiedenen Hefen und Eichenspänen behandelt. Der Kellermeister wird daraus mehrere verschiedene Proben zusammenstellen und verkosten, bevor er den Wein schließlich auf Flaschen zieht und auf den Markt gibt.

## Die Rotweinkelterung

Für den Rotweinkelterer gelten andere Prioritäten als für den Weißweinproduzenten. Zwar sucht auch er frische Fruchtaromen, doch vor allem will er möglichst viel Farbe und Aroma aus den Beerenschalen gewinnen. Und wenn er einen lagerfähigen Wein erzeugen will, muß er einen Grundwein von genügend Intensität und Konzentration gewinnen, der einen längeren Ausbau im Eichenfaß erträgt.

Bei der Kelterung von leichterem Rotwein geht es vor allem darum, ein Übermaß an Gerbsäuren zu vermeiden; deshalb werden die Beeren wie beim Weißwein gemahlen und entrappt. Dann gelangen sie direkt in den Gärtank – Rotweine werden in der Regel an der Maische vergoren.

**Kohlensäuremaischung** *(Macération carbonique)* ist die Ausnahme: Hier werden die Beeren nicht gemahlen, sondern unter einer Schicht von Kohlendioxid in einem Tank einer Spontangärung überlassen, um kräftige Fruchtaromen und weiche Tannine zu erhalten. Diese Technik wird vor allem im Beaujolais eingesetzt, ist aber auch bei Rebsorten wie Carignan angezeigt, die sonst sehr tanninreich sein können.

**Oben** *Während der Gärung wird der sogenannte «Tresterhut» aus Beerenschalen mit langen Stangen in die Maische gedrückt, damit sich mehr Farbe und Aromen aus den Schalen lösen. Hat ein Wein nicht genügend Struktur und Aroma, wird er keinen langen Faßausbau ertragen, sondern vom Eichenholz «erschlagen».*

**Linke Seite** *Gärtanks aus rostfreiem Stahl mit ausgeklügelten Temperaturkontrollsystemen sind in heißen Gegenden unersetzlich. Früher ergab die Gärung in wärmerem Klima schwere, alkoholreiche Weine mit wenig Frucht. Heute, da die Gärtemperatur kontrolliert und gesteuert wird, erhält man lebhafte Fruchtaromen.*

**Kaltvergärung:** Diese Technik wird für leichtere Rotweine eingesetzt. Die gemahlenen Beeren werden bei tiefer Temperatur ein bis drei Wochen im eigenen Saft eingeweicht und ergeben Weine mit besonders frischem, fruchtigem Charakter.

**Gärtechniken:** Der Rotweinmaische werden Hefe, vielleicht auch Zucker (um den Alkoholgehalt zu erhöhen) und Säure (um Farbe und Fruchtigkeit zu konservieren) hinzugefügt. Die Maische kann ein wenig erwärmt werden, damit die Gärung schneller in Gang kommt und mehr Farbe aus den Schalen gelöst wird. Die übliche Gärtemperatur für leichte Rotweine liegt bei 22–26 °C. Für schwerere Weine darf die Temperatur zwischen 26 und 30 °C liegen, ja sogar bis 35 °C steigen.

Wenn die Gärung beginnt, steigen die Schalen an die Oberfläche und bilden den sogenannten Tresterhut; er muß – mit langen Stangen, von Hand oder maschinell – in den gärenden Most zurückgedrückt werden, damit die Schalen ihre Farbe und ihr Aroma abgeben können. Bei modernen Anlagen wird der Tresterhut in einem geschlossenen Pump-Kreislauf ständig mit dem Most berieselt.

Bei leichtem, fruchtigem Rotwein ist das Ziel, diesen Prozeß möglichst rasch abzuschließen; deshalb bleibt der Most nicht länger als ein paar Tage an der Maische. In manchen Fällen wird ein Teil des Weins schon vor dem Ende der Gärung auf Fässer gezogen, was einer besseren Verbindung von Frucht- und Holzaromen dient.

Bei körperreicheren Weinen kann der Kellermeister nach Ende der Gärung einen Teil des durchgegorenen Weins vor der Kelterung für weitere drei, vier Wochen an der Maische lassen, um noch mehr Aroma und Farbe zu extrahieren. Ein anderes Vorgehen, um höhere Farbkonzentration zu erreichen, besteht darin, nach kurzer Mazerationszeit einen Teil des Mostes abzulassen; dadurch wird das Verhältnis Maische/Most erhöht (und aus dem früh abgezapften Wein gewinnt man nebenbei Rosé).

**Kelterung:** Wenn die Gärung einmal abgeschlossen ist, pumpt der Kellermeister den Wein ab und preßt die übrigbleibende Maische. Der dabei entstehende gerbstoffreiche, robuste *Vin de presse* kann dem Wein hinzugefügt werden, um ihm noch mehr Körper zu geben. Bei Spitzenweinen werden oft nicht alle Beeren gemahlen; ein Teil wird nur aus leicht gequetschten oder nach alter Tradition mit den Füßen gestampften Trauben vergoren.

**Eichengeschmack:** Leichtere Rotweine werden kaum je im Eichenfaß ausgebaut, doch um ihnen ein volleres Aroma zu geben, darf der Kellermeister in der Neuen Welt einem Teil des Weins im Tank Eichenholzspäne hinzufügen.

Wie Weißweine können auch Rotweine in einer ganzen Reihe verschiedener Hölzer ausgebaut werden (vgl. S. 32/33). Wichtig ist dabei das Umpumpen von einem Faß in ein anderes, bei dem der Wein absichtlich Luftkontakt erhält. So kann man ihn rascher reifen lassen und verhindert unangenehme Schwefelgerüche, die er annehmen kann, wenn er lange in ein und demselben Faß liegt. Der Kellermeister kann auch die Milchsäuregärung im Faß vornehmen und damit eine bessere Verbindung von Frucht und Holznoten erreichen.

Wie lange der Wein im Faß oder in der Flasche reift, hängt stark davon ab, zu welchem Preis er verkauft werden soll. Nur Erzeuger von Spitzenweinen mit großem Lagerpotential (oder Winzer in Regionen, wo Vorschriften bezüglich Mindestalter bestehen) werden ihre Weine länger reifen lassen.

**Klärung und Filtration:** Leichte Rotweine werden wie Weißwein kalt stabilisiert und vor der Abfüllung geklärt und filtriert. Eine geringe Zugabe schwefliger Säure zur besseren Konservierung ist erlaubt.

Der Ausbau im Eichenfaß hat stabilisierende und konservierende Wirkung. Weine, die eine Zeitlang im Faß gereift sind, benötigen im allgemeinen weniger Klärung und Filtration. Angesichts der Tatsache, daß eine Filtration die Intensität eines Weins schmälert, betonen einige Produzenten, daß ihre Weine ungefiltert sind. Andere halten es für wichtiger, ein stabiles, zuverlässiges Produkt anzubieten.

**Gerbstoffe:** Jeder Wein, der mehr als ein paar Jahre haltbar sein soll, braucht dazu einen gewissen Gehalt an Gerbstoffen oder Tanninen. Diese starken Antioxidantien stammen aus den Schalen, Kernen und Stielen und sind für die Konservierung unerläßlich. Doch es ist ganz schön schwierig, die richtige Menge festzulegen. Zuwenig, und der Wein wird zu früh weich; zuviel, und er schmeckt hart oder ausgezehrt. Heutzutage eliminieren viele Produzenten die herberen Tannine der Stiele, indem sie die Beeren entrappen, und verlassen sich auf die feineren Resultate, die sie mit dem Ausbau im Eichenfaß erzielen können. Tannine können auch während der Gärung in Pulverform beigegeben werden.

**Oben** *In einer modernen Abfüllanlage wie dieser wird der Wein so schnell und hygienisch wie möglich abgefüllt. Weinfehler waren früher oft auf ungeschicktes, unsauberes Abfüllen zurückzuführen. Seitdem Wein nun offiziell als Lebensmittel gilt, unterliegt er viel strengeren Hygienekontrollen.*

**Linke Seite** *Gute Weine werden immer für eine gewisse Zeit in Eichenfässern reifen. Deren Größe ist verschieden, die Barrique mit 225 Litern Inhalt aus neuem Eichenholz ist heute der beliebteste und am weitesten verbreitete Faßtyp. Sie ist klein genug, daß der Wein den Charakter des Eichenholzes gut annimmt.*

# DER EINSATZ VON EICHENHOLZ

Die meisten Weinliebhaber haben feste Ansichten, wenn es um Eichenholz und Wein geht. Ihre Einstellung ist oft von Weinen mit kräftigem Eichenaroma wie australischem Chardonnay oder spanischem Rioja geprägt. Doch bei Eiche gibt es nicht bloß ein Ja oder Nein.

Ursprünglich hatten hölzerne Weinbehälter eine ganz klare Funktion. Sie waren wasserdichte, unzerbrechliche Gefäße für die Lagerung und den Transport. Mit der Zeit entdeckten die Weinproduzenten, daß der Faßausbau die Weine nicht nur klärte und stabilisierte, sondern deren Charakter beeinflußte: Weißweine wurden komplexer, Rotweine erhielten mehr Struktur und wurden langlebiger. Das Ausmaß dieser Wirkung hängt von einigen Faktoren ab.

**Art des Eichenholzkontakts:** Wenn Wein in kleinen Eichenfässern (*Barriques*) gelagert wird, ist der Einfluß des Holzes stärker als bei großen Fässern. Billiger ist die Zugabe von Eichenspänen während der Gärung, lose oder in einer Art riesigem Teebeutel.

**Alter des Behälters:** Die Fässer können neu oder ein-, zweimal benützt worden sein. Je neuer das Holz, desto stärker das Eichenaroma. Die Wirkung älterer Fässer ist vernachlässigbar.

**Eichenholzsorte:** Feingemaserte französische Eiche gilt noch immer als jeder anderen Sorte überlegen, weil sie feiner ist als die stark nach Vanille riechende amerikanische Eiche – die traditionellerweise für schwere Rotweine wie Rioja oder australischen Shiraz verwendet wird.

**Grad der «Röstung»:** Je nachdem, wie stark der Küfer das Faßinnere «röstet», erhält der Wein mehr oder weniger starke Röstnoten, die das rohe Eichenholz ergänzen.

**Ausbauzeit:** Ein Wein kann ein paar Monate oder sogar Jahre im Faß reifen, entscheidend ist aber auch, ob er im Faß vergoren wurde. Die Faßgärung wird bei teureren Weißweinen bevorzugt, weil sie eine opulente, cremige Struktur ergibt und die Eichenholznote einbinden hilft.

**Wie reif ist der Wein, wenn er getrunken wird?** Auch bei sehr stark holzbetonten Weinen verliert sich die Eichennote mit der Zeit, die herben Eichenholztannine werden milder.

Ebenso wichtig wie all diese Faktoren ist die Rolle des Produzenten. Es können Weine aller Qualitätsstufen aus mehreren Komponenten verschnitten werden, die aus verschiedenen Weinbergen kommen können und unterschiedlich lange in verschiedenen Eichenholzarten gereift sein. Ein Teil der Assemblage kann auch überhaupt nie mit Eiche in Berührung gekommen sein, sondern seine natürliche Frucht im Stahltank entwickelt haben.

Wie bei anderen Qualitätsfaktoren für Wein werden Sie auch bei Eiche in der Regel das bekommen, wofür Sie bezahlen. Ein Wein für 10–15 DM/8–12 sFr. wird viel rohere Eichennoten haben als ein großer Burgunder, der in Fässern eines führenden französischen Küfers gereift ist. Eichenspäne kosten rund zehnmal weniger als die 800–1000 DM/650–850 sFr., die ein 225-l-Eichenfaß (*barrique* in Bordeaux, *pièce* in Burgund genannt) kostet. Dieser Preis ist nicht übertrieben, wenn man bedenkt, daß das Holz von mindestens 80jährigen Bäumen stammt und zwei Jahre gelagert wird, bevor es verarbeitet werden kann. Obwohl die Qualität von Eichenspänen oder neuerdings Eichenstäben eine gefällige Wirkung haben kann, vermögen sie einem Wein niemals die sublime, cremige Textur zu verleihen, die er in den besten neuen Eichenfässern erhält.

## War überhaupt Eiche im Spiel?

Nicht jeder Wein, der auf Eiche ausgebaut worden ist, schmeckt nach Eiche. Die meisten Weine, die in alten Fässern gelagert werden, darunter viele gute deutsche und elsässische Weißweine, weisen keine erkennbaren Holznoten auf. Umgekehrt erinnern australische Sémillons und traditionell vinifizierte, schwere Rotweine aus Südfrankreich wie Fitou an Eiche, obwohl sie nie ein Holzfaß von innen gesehen haben.

## Worauf Sie beim Etikett achten sollten

Eichenholz ist teuer. Deshalb brüsten sich Erzeuger, die sie verwenden, gerne etwas damit. Bezeichnungen wie «faßgereift», «Faßgärung», oder «élevé en fûts de chêne», «Reserva» oder «Gran Reserva» weisen auf deutliche Eichennoten hin. Das kleine Etikett auf der Rückseite gibt vielleicht an, wie lange der Wein im Faß gereift ist, ob in französischer oder amerikanischer Eiche, und wie neu die Fässer waren. Ausdrücke wie «oak influenced» oder «oak character» deuten eher auf den Einsatz von Eichenspänen als von Fässern hin.

**Oben** *Ein Küfer beim «Toasten», dem Flämmen der inneren Faßwandung. Dieser Vorgang hilft die Faßdauben in die richtige Form zu bringen und sorgt für einen mehr oder weniger starken Röstton des Weins.*

**Linke Seite** *Innenansicht eines Faßkellers. Der Ausbau in Holzfässern ist eine erhebliche finanzielle Investition und führt unweigerlich zu teureren Weinen.*

# DIE EINZELNEN WEINSTILE

Auf den folgenden 68 Seiten finden Sie den eigentlichen Kern dieses Buches, die Beschreibung der wichtigsten Weinstile. Ich unterscheide vier weiße – *frisch und trocken; weich und mittelschwer; reich und gehaltvoll; aromatisch und halbtrocken* – und vier rote – *leicht und fruchtig; weich und mittelschwer; gehaltvoll; reife Rotweine und Raritäten*. Es gibt auch je ein Kapitel für Rosé, Schaumwein, Süßwein und verstärkte Weine (Sherry, Port, Madeira). Jedes Kapitel beginnt mit einer Einleitung, die die wichtigsten Weine vorstellt, und enthält eine ausführliche Aufzählung von Weinen, auf welche die jeweilige Beschreibung zutrifft.

Zuerst müssen Sie herausfinden, welchen Wein Sie mögen – beispielsweise frischen, trockenen Weißwein. Bei jedem Eintrag sehen Sie eine Reihe von Symbolen (links unten auf dieser Seite sind sie aufgeschlüsselt), die Ihnen auf einen Blick die Hauptaromen eines Weins zu erkennen geben, z. B. grasig, fruchtig oder mineralisch. (Das Symbol für die vorherrschende Note steht jeweils an erster Stelle.) Dieselben Symbole stehen auch bei Weinen anderer Kapitel, so daß Sie, wenn Sie würzige Weine oder Weine mit Eichenholznote mögen, quer durch das ganze Buch fündig werden.

Jeder Eintrag ist mit einem bis drei Sternen markiert; ein Stern bedeutet «preiswert», drei Sterne «teuer». Die Sterne beziehen sich dabei auch auf die Art des Weins: Ein leichter, fruchtiger Rotwein mit nur einem Stern ist ein einfacher Tischwein, ein Champagner mit einem Stern ist für Champagner nicht teuer, aber deswegen auch nicht billig.

Bei den meisten Kapiteln findet sich am Ende der Einleitung ein Kästchen mit dem Titel **Vorschläge**. Es führt Weine auf, die Sie versuchen könnten, wenn Sie die betreffende Richtung noch nicht kennen.

**Symbolschlüssel**

- fruchtig
- blumig
- mineralisch
- würzig
- Nußaromen
- grasig
- Röstaromen
- Eichenholznote

frische, trockene Weißweine | weiche, mittelschwere, trockene Weißweine | reiche, schwere Weißweine | aromatische und halbtrockene Weißweine

Es handelt sich um charakteristische Vertreter dieses Weinstils, aber sie zeigen auch dessen ganze Bandbreite. Im Kapitel «Aromatische Weine» z. B. können Sie wählen, ob Sie zuerst leichte, blumige oder bukettreiche, würzige oder üppige, aromareiche Weine degustieren wollen.

Vor dem Kästchen finden Sie den Abschnitt **Zum Etikett**. Hier wird zusammengefaßt, worauf Sie achten sollten – z. B. Angaben zur Lagerung (Eichenfaß?), den Alkoholgehalt (ein guter Indikator für Körper und Intensität eines Weins) und den Jahrgang.

Neben der Aufzählung finden Sie Tips zur **Lagerung** und zum **Servieren** des jeweiligen Weinstils: Wie lange Sie einen Wein lagern sollten und lagern können, wie viele Stunden vor dem Trinken Sie ihn öffnen sollten, mit welcher Temperatur (und in welchem Glas) Sie ihn am besten servieren. Allgemeine Ratschläge zu Lagerung und Servieren finden Sie auf den Seiten 110–113. Außerdem finden sich in jedem Kapitel Hinweise auf **Speisen und Anlässe**, zu denen ein Weinstil paßt – oder eben nicht. Das Kapitel **Welcher Wein zu welchem Essen** (Seiten 104–109) gibt weitere Auskünfte.

Wundern Sie sich nicht, wenn Sie einen Wein in mehr als einem Kapitel antreffen. Roter Burgunder z. B. kann in seiner einfachsten Form leicht und fruchtig sein, doch die meisten sind von mittlerem Körper. Spitzenburgunder wie Gevrey-Chambertin und Nuits St-Georges gelten als gehaltvoll, und *Grands Crus* wie Romanée-Conti gehören in die Kategorie «Reife Weine und Raritäten». Diese Unterschiede spiegeln sich mehr oder weniger direkt im Preis wider, den Sie bezahlen. Je teurer ein Wein, desto intensiver und körperreicher sollte er sein (obwohl das gerade bei Burgunder nicht immer der Fall ist).

Schließlich gibt es keine Regel ohne Ausnahme – einige Weine können sich von der allgemeinen Beschreibung in der Aufzählung etwas unterschieden. Wie in jeder anderen Berufsgattung gibt es auch unter den Weinproduzenten begabtere und weniger begabte, sie können mit besserem Traubengut oder in günstigerem Klima arbeiten, und die Weine des einen schmecken anders als die eines anderen. Anfänglich finden Sie das vielleicht ein wenig ärgerlich – doch auf Neues, Unerwartetes zu stoßen ist eines der großen Vergnügen beim Weingenießen!

leichte, fruchtige Rotweine

weiche, mittelschwere Rotweine

gehaltvolle, körperreiche Rotweine

reife Rotweine und Raritäten

Roséweine

# FRISCHE, TROCKENE WEISSWEINE

«Trocken» ist ein Begriff, der beim Wein immer wieder für Verwirrung sorgt; denn was dem einen trocken erscheint, ist es für den anderen nicht. Weinliebhaber, die die tropische Frucht eines Chardonnay der Neuen Welt gewöhnt sind, kommt ein Chablis sehr trocken vor. Jemand, der sonst Muscadet trinkt, wird ihn recht gehaltvoll finden.

Dennoch gibt es eine Gruppe von Weißweinen, vom knochentrockenen Muscadet oder Frascati bis zum würzigen Sauvignon aus der Neuen Welt, die man nur als trocken bezeichnen kann. Gemeinsam ist ihnen ist eine knackige, spitze Säure, die in markantem Kontrast steht zum weicheren, runderen Geschmack eines Chardonnay oder eines in Barriques ausgebauten Weins.

Grundsätzlich fallen alle trockenen Weißweine in diese Kategorie, ausgenommen die im deutschen Stil vinifizierten mit ihrem deutlich blumigen, aromatischen Charakter (vgl. S. 54). Der einfache Tischwein, den Sie im Urlaub trinken, der Offenwein im Restaurant, die günstigsten Weine im Supermarkt – sie alle sind leicht, frisch, unkompliziert und fruchtig. Die meisten von ihnen kommen eher aus Europa als aus der Neuen Welt. Heiße Klimazonen bringen eine schwerere Frucht hervor als die kühleren nördlichen Regionen. Einen Wein wie Muscadet oder Vinho Verde werden Sie in Australien nicht finden. Chablis, der auf demselben Breitengrad wächst wie die Loire-Weine, ist im Charakter ganz anders als ein Chardonnay aus dem Hunter Valley.

Der Stil vieler dieser Weine stammt aus Zeiten, als die Vinifikation noch in den Anfängen steckte. Die Winzer nahmen einfach ihre lokalen Trauben und strebten den höchstmöglichen Ertrag an; so entstanden einfache Tischweine für den Alltag. In Italien werden lokale Weine wie Orvieto in Umbrien und Frascati in Rom noch immer zu fast jeder Mahlzeit getrunken – von Pasta bis zu kräftigem Eintopf.

## Saubere, moderne Weine

Die moderne Vinifikation hat diesen Weinstil revolutioniert. Früher war es unmöglich, in einem heißen Klima einen frischen Wein zu machen; die Trauben waren zu warm, die Gärtemperatur zu hoch – es entstanden gelbe, oxidierte Weine. Heute werden die Weine bei geregelter Temperatur in makellos sauberen Stahltanks vergoren. Praktisch jeder Wein kann in einem frischen, würzigen Stil erzeugt werden.

Die typischsten Weine dieser Stilrichtung werden zweifellos aus der Sauvignon-Blanc-Traube gewonnen, die von ihrer angestammten Heimat Frankreich aus praktisch jede Weinbaugegend der Welt erobert hat. Ihre Stilrichtungen variieren vom köstlichen, rassigen Stachelbeerenaroma an der Loire über die runderen, saftigen Limetten- und Ananasnoten von Bordeaux (wo die Sorte oft mit Sémillon verschnitten wird) bis zu den Zitrus- und Apfelnoten eines kalifornischen Fumé Blanc.

Wenn Ihnen solche Aromen nicht zusagen, gibt es unzählige Alternativen. Italienische Sorten wie Verdicchio und Vernaccia, Orvieto und Soave Classico (vgl. Trebbiano), das reichhaltige Nußaroma eines guten Muscadet *sur lie* oder ein guter, klassischer Chablis ohne Holzausbau bilden ein Gegengewicht zu der manchmal allzu wuchtigen Frucht vieler Weine aus der Neuen Welt.

Bitte vergessen Sie nicht, daß dieser knackige, frische Stil sich in der Flasche nicht lange hält. Mit Ausnahme der teureren Sauvignons und Chablis sollten die allermeisten dieser Weine so jung wie möglich getrunken werden, etwa innerhalb eines Jahres, billigere sogar innerhalb von sechs Monaten. (Denken Sie daran, daß Weine von der Südhalbkugel den europäischen ein halbes Jahr voraus sind; sie werden im Frühjahr geerntet und erscheinen im Herbst in Europa auf dem Markt.)

## Zum Etikett

«Dry», «sec», «secco» oder «trocken» sollte aussagen, daß der Wein das auch ist, aber manche Weine mit dieser Bezeichnung sind überraschend blumig. Hinweise darauf sind Ausdrücke wie «aromatisch» oder «Bukett» auf dem Etikett (im Gegensatz zu «frisch» oder «Zitrusaromen»). Weine, die schlicht unter der Bezeichnung blanc, bianco, blanco laufen, sind im allgemeinen einfache Tischweine.

Achten Sie auf den Alkoholgehalt eines Weins – wenn Sie einen leichteren Stil vorziehen, wählen Sie Weine mit weniger als 12 Volumenprozent. Vergewissern Sie sich, daß der Wein nicht zu alt ist: billigere Qualität höchstens ein Jahr, teurere nicht mehr als zwei Jahre.

**Ausgangspunkte**

| Mineralisch: | Fruchtig: |
|---|---|
| Italienische Weißweine | Vin de Pays des Côtes de Gascogne |
| Muscadet | Günstiger Sauvignon aus dem Bordelais und der Touraine |
| Chablis ohne Faßausbau | Südafrikanischer Sauvignon |
| Sancerre | Neuseeländischer Sauvignon |

**Oben** *Gärtanks aus rostfreiem Stahl mit Temperaturregelung haben in der Weißweinproduktion die Behälter aus Eiche oder Zement verdrängt. Sie sorgen für saubere, frische, fruchtige Weine.*

**Linke Seite** *Die kühl und hoch gelegenen Weinberge Norditaliens bringen Weißweine mit eleganten, frischen Aromen hervor.*

## ALIGOTÉ

Leicht zu verwechseln mit Chardonnay. Aligoté ist die andere Rebsorte in Burgund. Der Wein kann unangenehm scharf sein, wenn er nicht aus den besten Lagen und Jahren stammt, und ist selten ein ebenso guter Kauf wie andere Weine der Gegend. Die Sorte wird auch in Osteuropa angebaut, wo sie manchmal mit Chardonnay verschnitten wird. ☆☆

## BACCHUS

Eine säurearme deutsche Neuzüchtung, die in guten Jahren kräuterwürziges, an Holunder erinnerndes Aroma und leichte Frucht hervorbringt. Für Winzer ist die Bacchusrebe attraktiv, weil sie wie Müller-Thurgau in Lagen ausreift und Erträge abwirft, wo Riesling dies nicht jedes Jahr schafft. Konsumenten schätzen den trockenen, fruchtigen Stil, der oft etwas an französischen Sauvignon erinnert. ☆☆

## BADEN und andere trockene Weißweine aus Deutschland

Viele der trockenen deutschen Weißweine kommen aus Baden, einer der wärmsten Ecken Deutschlands. Die deutschen Winzer experimentieren mit Sorten wie Weißburgunder (Pinot Blanc) und Grauburgunder (Pinot Gris). Es gibt heute wesentlich mehr trockene deutsche Weine als früher. Auf dem Etikett tragen sie die Bezeichnung «trocken» und sind oft anstatt auf die traditionelle schlanke Schlegelflasche auf Bordeauxflaschen gezogen. ☆→☆☆

## BAIRRADA

Der bekannteste portugiesische Weißwein nach Vinho Verde ist ein frischer Wein mit Zitrusnoten. Billigere Weine schmecken ziemlich stark nach Zitrone, teurere eleganter und mineralisch. ☆→☆☆

## BIANCO DI CUSTOZA

Leichter, trockener Weißwein aus dem Veneto in Nordostitalien; sauber und frisch, manchmal etwas cremig, aber im allgemeinen eher weniger aufregend als der benachbarte SOAVE. ☆→☆☆

## CHABLIS

Das beste Beispiel eines trockenen Chardonnay. Grands Crus und Premiers Crus können viel Körper haben, der einfache Chablis ohne Faßausbau und **Petit Chablis** haben einen charakteristisch strengen, stahligen Stil, der oft als Feuersteinnote bezeichnet wird. ☆☆

## CHARDONNAY

Diese Rebsorte gehört eigentlich in die folgenden zwei Kapitel, aber es gibt Ausnahmen. Einige weiße Burgunder, vor allem von jungen Reben, aus kühlen Gebieten oder ohne Faßausbau, können ziemlich herb und frisch schmecken (CHABLIS und MACON BLANC).

Jeder Chardonnay, der in einer kühleren Gegend wächst, wird einen ähnlichen Charakter entwickeln. An der Loire z. B. gibt es unter dem Namen **Vin de Pays du Jardin de la France** preisgünstige Chardonnays, die zwar nicht so schlank sind wie ein Chablis, aber schön frisch. ☆→☆☆

## CHASSELAS

Aus dieser Schweizer Sorte werden knochentrockene Weißweine gewonnen, die besonders zu Käsefondue und Raclette schmecken. Außerhalb der Schweiz sind sie kaum zu finden. ☆☆

## CHENIN BLANC – Loiretal

Chenin Blanc kann zwar im Alter üppige Honigaromen entwickeln, doch junger Chenin von der Loire ist oft recht spitz. Die Qualität reicht von den eher stumpfen Weinen von **Anjou** und **Saumur** (die es auch halbtrocken gibt, vgl. S. 54–59) zur strengen, mineralischen Eleganz eines **Savennières** oder **Jasnières**. ☆→☆☆☆

## ENTRE-DEUX-MERS

Diese Appellation östlich von Bordeaux zwischen der Garonne und der Dordogne ist im Aufschwung. Sie erzeugt große Mengen frischer, preisgünstiger Weißweine auf der Basis von Sauvignon (manchmal mit etwas Sémillon und Muscadelle verschnitten). ☆

## FRASCATI

Der bekannte trockene Weißwein Roms war oft sehr leicht und dünn, doch heutzutage sind die Flaschen, die exportiert werden, im ganzen viel fruchtiger. ☆→☆☆

## GARGANEGA

Einheimische italienische Sorte, die (wie Catarrato, Grechetto, Greco und Grillo) über

Nacht zu Stars auf dem Etikett wurden. Sie hat mehr Charakter als TREBBIANO, ihr delikates Mandelaroma würzt SOAVE und BIANCO DI CUSTOZA. ☆

## GRÜNER VELTLINER

Eine in Österreich und Osteuropa bekannte und beliebte Sorte, die jugendliche, frische, süffige Weine mit pfeffrigen Noten von grünen Äpfeln ergibt. Weine besserer Qualität können mit der Zeit wie Riesling komplexere, würzige Aromen entwickeln (vgl. S. 54–59). ☆

## MÂCON BLANC

Die einfachsten Weißweine aus diesem südlichen Teil Burgunds aus der Chardonnay-Traube sind oft etwas dünn und säurelastig, vor allem in schlechten Jahren, wenn die Trauben nicht voll ausreifen konnten. Mâcon-Villages (vgl. S. 46) ist besser. ☆☆

## MUSCADET

Ein riesiges Anbaugebiet im Loiretal, wo knochentrockene, erdige, mineralische Weißweine wachsen. Die besten sind elegant und erfrischend, die schlechten (leider zu viele) peinlich dünn und sauer, aber die Qualität wird im Schnitt allmählich besser. Die besten Weine kommen aus dem Gebiet Sèvre-et-Maine und sind lange auf Hefe gelegen (*sur lie*). Sie sind in Geschmack und Textur üppig und cremig. Ein ähnlicher Wein aus derselben Region ist **Gros Plant**. ☆→☆☆

## ORVIETO

Ein Weißwein aus Umbrien in Mittelitalien, der konsistenter ist als viele seiner Rivalen. Orvieto ist sauber und frisch, mit gefälligem, leicht erdigem, nussigem Charakter, besonders die Qualitätsstufe «Classico». ☆→☆☆

## PICPOUL DE PINET
und andere südfranzösische Weine

Ein frischer, mineralischer Weißwein im Stil eines Muscadet, der im Languedoc aus der Picpoul-Traube gewonnen wird. In derselben Gegend werden andere Weine in ähnlichem Stil erzeugt, z. B. Roussanne, Grenache Blanc, Terret und Vermentino. Frische, trockene Weine findet man auch in den Appellationen **Corbières**, **Roussillon** und **Provence**. ☆

## PINOT BIANCO

Der italienische Name für Weißburgunder, der vor allem in Nordostitalien angebaut wird und im allgemeinen etwas lebhaftere Säure hat als der französische Pinot Blanc. ☆

## PINOT GRIGIO

Zunehmend beliebte Sorte, hauptsächlich in Nordostitalien angebaut, wo sie trockene, unaufdringliche Weine ergibt. Heute bringen einige Produzenten etwas fruchtbetontere Weine auf den Markt, aber sie sind nie so üppig und aromareich wie ein Elsässer Pinot Gris. ☆→☆☆

## Speisen und Anlässe

*Frische Weißweine sind ideale Alltagsweine und eignen sich hervorragend für Picknicks und Sommerparties. Sie passen gut zu Salaten und Fisch oder Hähnchen vom Grill. Muscadet ist ein großartiger Begleiter von Meeresfrüchten, Chablis trinkt man traditionellerweise zu Austern. Italienische Weißweine passen zu Teigwaren, besonders mit Muscheln- und Krabbensauce. Fruchtigere Weine wie Sauvignon begleiten kräftigere Fischgerichte (aber nicht an Tomatensaucen), Hähnchen und pikante Salate. Zarte Sauvignons von der Loire harmonieren besonders mit Spargel, Räucherlachs und Ziegenkäse, neuseeländischer Sauvignon schmeckt wunderbar zu thailändischen Gerichten.*

## RIOJA

Früher hatte weißer Rioja ein schweres Eichenaroma und war durch monatelangen Faßausbau oxidiert. Heute ist ein leichterer, frischerer Stil beliebt und verbreitet, der größtenteils aus der Viura-Traube erzeugt wird. Mit Faßausbau schmeckt er rund und cremig, ein wenig wie ein Chardonnay. ☆→☆☆

## RUEDA

Eine der fortschrittlichsten Weinbauregionen Spaniens, nach der ein frischer Weißwein aus der Verdejo-Traube benannt ist (der manchmal mit ein wenig Sauvignon verschnitten wird). Ein Wein, der seinen Preis mehr als wert ist. ☆

## SANCERRE UND POUILLY-FUMÉ

Die bekanntesten SAUVIGNONS aus dem Loiregebiet; sie vereinen das charakteristische Stachelbeerenaroma mit einer klar grasigen Note, deutlichem Feuerstein und etwas rauchigem Charakter. Sie können sehr säurelastig sein, besonders in einem schwierigen Jahr, was zu großen Qualitätsschwankungen führt. Die kräftigeren Weine von Spitzenerzeugern wie Dagueneau und de Ladoucette können einen Hauch Eiche haben und eher zu den körperreichen Weinen zählen (vgl. S. 48-53). ☆☆→☆☆☆

## SAUVIGNON BLANC

**Loire**: Wie bei so manchem anderen Wein ist Frankreich auch beim Sauvignon das Maß aller Dinge für den Rest der Welt; allen voran natürlich die eleganten, grasigen Weine mit Stachelbeernoten von der Loire, SANCERRE und POUILLY-FUMÉ. Die weniger bekannten **Menetou-Salon**, **Quincy** und **Reuilly** und die billigeren, aber auch weniger komplexen **Sauvignon de Touraine** und **Sauvignon de Haut-Poitou** bieten oft einen besseren Gegenwert. ☆☆→☆☆☆

**Bordeaux**: Sauvignon aus dem Bordelais erinnert im Aroma an Zitrusfrüchte und wird gerne mit Sémillon verschnitten, der ihn rund und weich werden läßt. Frische Weißweine wachsen in der Appellation ENTRE-DEUX-MERS, **Bergerac** und **Côtes de Duras** und als einfacher **Bordeaux Blanc**. ☆→☆☆

**Languedoc**: Auch hier wird viel Sauvignon angebaut; das wärmere Klima gibt ihm ein kräftiges Aroma von Zitronen- und Limettenschalen. Er kommt oft reinsortig als **Vin de Pays d'Oc** auf den Markt und gleicht mehr einem Wein aus der Neuen Welt als andere französische Sauvignons. ☆→☆☆

**Übriges Europa**: Kein anderes europäisches Land bringt so klare Sauvignon-Stile hervor wie Frankreich, doch die meisten Länder können ein oder zwei gute Beispiele vorweisen. In Italien ist die erfolgreichste Region Friaul, in Spanien RUEDA, in Österreich die Steiermark. Die vielen «fliegenden» Önologen, die in Ungarn gearbeitet haben, schufen kräftige, aromareiche Weine, die ihr Geld durchaus wert sind. ☆→☆☆

**Neuseeland**: Sauvignon ist die Sorte, der die Insel ihren Ruf verdankt, und tatsächlich findet sich wohl auf der ganzen Welt kein schöneres Aroma von Stachelbeeren und tropischen Früchten. Viele sind so intensiv, daß man sie den Weinen mit deutlichem Körper zuzählen muß. Aber wenn Sie andere Sauvignons aus der Neuen Welt mögen, stehen die Chancen gut, daß Ihnen auch die neuseeländischen zusagen. Die besten kommen aus der Marlborough-Gegend im Norden der Südinsel. Sie sind eher teuer, aber sehr verläßlich. ☆☆→☆☆☆

**Südafrika**: Im Anbau von einfachem, preiswertem Sauvignon mit intensiver, würziger Frucht (eher Zitrus- als Stachelbeernoten) ist dieses Land führend. Doch Produzenten wie Bouchard Finlayson und Klein Constantia beweisen, daß hier auch Weine von absoluter Weltklasse gemacht werden können. ☆→☆☆☆

**Chile**: Chilenischer Sauvignon ist weicher und weniger angriffig als neuseeländischer oder südafrikanischer und hat eine delikate Grapefruitnote. Die besten Weine kommen vom Casablanca Valley, einer wasserreichen, kühlen Küstenregion, die stilvolle Weine von beachtlicher Eleganz erzeugt. ☆→☆☆

**Kalifornien**: Die Kalifornier mögen ihren Sauvignon nicht so säurebetont, daher die Beliebtheit von Fumé Blanc (vgl. S. 42–47). Aber es gibt auch Sauvignons im frischen, an Zitrusfrüchte erinnernden Stil. Suchen Sie auf dem Etikett «Sauvignon» (und nicht «Fumé Blanc»), wenn Sie diesen Stil vorziehen. ☆☆

**Australien**: Das Klima ist zwar eigentlich etwas zu warm, dennoch gibt es in Australien erfolgreiche Sauvignon-Produzenten, vor allem in den kühleren Regionen wie Adelaide Hills. Die Weine sind recht intensiv und haben oft eine deutliche Zitronenschalennote. ☆☆

## SOAVE

Ein weiterer Wein aus dem italienischen Veneto, der sich stark verbessert hat. Zwar findet man noch immer abschreckende Beispiele, aber guter Soave hat ein typisches Mandelaroma, das ihn zum attraktiven Essensbegleiter macht. Weine mit der Bezeichnung «Classico» können ebensogut in die nächstfolgende Kategorie fallen (vgl. S. 42–47). ☆→☆☆

## TREBBIANO

Eine recht unspektakuläre, neutrale Sorte, das traditionelle Rückgrat vieler trockener italienischer Weißweine und für deren große Ähnlichkeit verantwortlich. Verbesserte Kellereiverfahren haben ihr neues Leben eingehaucht, und sie figuriert in Italien in zunehmendem Maße als Sorte auf dem Etikett – wie auch in Australien, wo sie dezente, saubere fruchtige Weine ergibt. ☆

## VERDICCHIO DEI CASTELLI DI JESI

Der bekannteste Wein aus der Sorte Verdicchio wächst nahe der italienischen Hafenstadt Ancona, hat eine leichte Zitrusfrucht und schmeckt sehr erfrischend. Häufig wird er in Flaschen mit schwungvollen Phantasieformen abgefüllt. ☆☆

## VERNACCIA DI SAN GIMIGNANO

Wird um das Städtchen San Gimignano westlich von Florenz aus der lokalen Sorte Vernaccia in traditioneller Weise gewonnen. Ein frischer Weißwein, einem MUSCADET nicht unähnlich. ☆☆

## VINHO VERDE

Der bekannteste Weißwein Portugals hat meist einen sehr niedrigen Alkoholgehalt, ist recht spitz und hat etwas Kohlensäure: ein Wein, den man im Urlaub gerne trinkt, der aber zu Hause enttäuschen kann. Gutsabfüllungen sind interessanter, besonders aus der Alvarinho-Traube. ☆

## VIÑOS DE LA TIERRA

Das spanische Gegenstück zum französischen *Vin de Pays* ist eine ziemlich neue Kategorie für einfache, trockene Weißweine von besserer Qualität als die langweiligen Kurantweine aus Gegenden wie **La Mancha** und **Valencia**. ☆

## VIN DE PAYS DES CÔTES DE GASCOGNE

Der zuverlässigste französische *Vin de Pays* kommt aus Südwestfrankreich und steht für frischen, fruchtigen, unkomplizierten Trinkgenuß. Es lohnt sich heutzutage fast immer, anstatt einem simplen *Vin blanc* einen *Vin de Pays* zu kaufen. ☆

### Lagerung und Servieren

*Sehr kühl servieren (vorher für mindestens eine Stunde in den Kühlschrank stellen). Trinken Sie frische Weißweine nach dem Kauf möglichst rasch, billigere Weine innerhalb von sechs Monaten, die besten im Zeitraum von zwei Jahren.*

# MITTELSCHWERE, TROCKENE WEISSWEINE

Würde jemand Sie fragen, welches der richtige Wein «für Anfänger» sei, würden Sie vermutlich einen weichen, trockenen Weißwein empfehlen. Nicht zu säurelastig, keine erschreckende Eichennote, nicht zu blumig oder süß: Ein Wein dieser Art ist der perfekte Ausgangspunkt für eine erste Erkundung der Weinwelt.

Und Sie würden wohl nicht einfach irgendeinen weichen, trockenen Weißwein wählen, sondern ein Glas Chardonnay eingießen. Chardonnay ist der Wein, der diese Gruppe dominiert wie kein anderer, ob im Regal eines Supermarktes oder im Restaurant: Es gibt eine ganze Welt von Chardonnays, aus denen Sie wählen können.

Was unterscheidet einen Chardonnay dieses weichen Stils von aromareicheren? Wie gesagt ist es vor allem eine Frage des Klimas, wo die Reben wachsen, und ob der Wein im Eichenfaß ausgebaut wird (vgl. S. 32–33). Chardonnays aus kühleren, nördlicheren Gebieten wie Burgund oder Norditalien (oder aus kühleren Zonen warmer Länder wie Chile) werden leichter und cremiger sein als Chardonnay aus heißen Ländern wie Australien oder Südafrika (oder warmen Gebieten wie dem Languedoc in Südfrankreich).

## Eiche mit Fingerspitzen

Dieser Chardonnay-Stil kann sehr wohl faßgelagert sein, aber er hat nicht die deutliche Eichennote z. B. eines kalifornischen Spitzengewächses oder eines teuren weißen Burgunders. Abgesehen von der Qualität der Trauben kann dies daran liegen, daß der Wein nicht in neuen Barriques ausgebaut wird, daß die Fässer eher aus französischer denn aus amerikanischer Eiche gemacht sind oder daß der Wein nur eine relativ kurze Zeit im Faß reift – oder mit Eichenspänen versetzt wird (vgl. S. 32–33). Doch auch Weine dieses Stils können unterschiedlich sein. Wenn man 10–15 Prozent des Weins auf Eiche ausbaut, erhält Chardonnay einen weicheren, reicheren Charakter.

Wenn das Etikett keinen Hinweis wie «faßgereift», «barrelfermented» oder «élevé en fûts de chêne» enthält, können Sie sich an den Preis halten. Das ist zwar kein rundum gültiges Gesetz, weil Erzeuger in Ländern mit tiefen Produktionskosten wie Argentinien, Spanien oder Südafrika einen Wein mit kräftiger Eichennote keltern können, der relativ billig ist. Doch die meisten günstigeren Chardonnays werden im Stil leichter und fruchtiger sein als die teuren. Dies trifft vor allem auf Weine aus den größten Weinfirmen der Welt zu.

Bekannte Marken wie Lindeman's Bin 65 oder Gallo's Turning Leaf Chardonnay, die buchstäblich von Hunderttausenden gekauft werden, sind auf einen weichen, fruchtigen Stil zugeschnitten.

Wo, abgesehen von Chardonnay, werden Sie Weine dieser Stilrichtung entdecken? Das hängt von Ihrem persönlichen Geschmack ab. Mögen Sie einen cremigeren Stil, dann kosten Sie einen südafrikanischen Chenin Blanc oder die zarte Pfirsichnote eines Pinot Gris aus Oregon. Ist Ihnen ein etwas süßerer Wein lieber, käme ein Colombard oder der klassisch australische Verschnitt von Sémillon und Chardonnay mit seiner reifen Ananasfrucht in Frage.

Ausgeprägtere Aromen werden Sie eher in Europa finden. Weißer Bordeaux ist herrlich elegant und oft ein sehr guter Kauf. Elsässer Pinot Blanc wird deutlich unterschätzt. Italien hat mehr zu bieten als die einfachen Soaves und Frascatis, die man in einer *Trattoria* findet. Wenn Sie einen weichen, cremigen Lugana oder den schicken Gavi bestellen, zeigen Sie, daß Sie sich auskennen.

Bloß weil diese Weine ein wenig teurer sind als die einfachen Alltagsweine des letzten Kapitels, lassen sie sich aber nicht jahrelang lagern. Beinahe alle modernen Weine sollten jung getrunken werden, und dieser Stil bildet keine Ausnahme.

## Zum Etikett

Suchen sie auf dem Etikett auf der Rückseite nach Hinweisen, wie der Wein gemacht wurde. Ausdrücke wie «lightly oaked» oder «sur lie» deuten auf einen leichteren Stil hin. Weine mit Faßgärung oder Faßausbau bis zu einem Jahr gehören in das folgende Kapitel.

**Ausgangspunkte**

| Trockener | Fruchtiger |
|---|---|
| Weniger teurer weißer Burgunder | Australischer Chardonnay ohne Faßausbau |
| Elsässer Pinot Blanc | Chardonnay aus dem Pays d'Oc |
| Südafrikanischer Chenin Blanc | Südafrikanischer Chardonnay |
| Chilenischer Chardonnay | Sémillon-Chardonnay-Assemblagen |
| | Colombard aus der Neuen Welt |

**Oben** *Australien ist ein bedeutender Produzent weicher, reifer, cremiger Weine, in erster Linie aus der Sorte Chardonnay.*

**Linke Seite** *Im Gebiet von Graves südlich von Bordeaux wachsen einige der feinsten Vertreter dieses Stils. Die besten Weine sind üppig und weich und haben eine köstlich feine Pfirsichnote.*

## BORDEAUX BLANC

Einfacher weißer Bordeaux ist frisch und fruchtig, faßgelagerte Weine entwickeln eine üppigere, weiche Pfirsichnote. Dies liegt vor allem daran, daß sie kein reinsortiger Sauvignon Blanc sind, sondern ein Verschnitt von Sauvignon und SÉMILLON (und manchmal etwas Muscadelle). Sémillon hat eine besondere Affinität zu Eiche. Der bekannteste weiße Bordeaux ist **Graves** – doch neuerdings tragen die Spitzenweine den Namen der Appellation **Pessac-Léognan** (vgl. S. 48–53). ☆☆→☆☆☆

## BOURGOGNE BLANC

Einfacher weißer Burgunder (Appellation Bourgogne Blanc) schwankt in der Qualität stark. Er kann stumpf und charakterlos sein, aber auch leicht und cremig. Trägt eine Flasche den Ausdruck «Chardonnay» auf dem Etikett, ist der Wein eher im typisch fruchtigen Stil der Neuen Welt zugeschnitten. ☆☆

## BURGUND

Weißer Burgunder hat einen recht deutlichen Charakter, der traditionellerweise wenig gemein hat mit dem CHARDONNAY der Neuen Welt, obwohl heute mehrere Produzenten ihre Weine mehr im Stil der Neuen Welt keltern. Die Fruchtaromen sind viel weniger vordergründig, Pfirsich und Aprikose häufiger als Papaya oder Mango; vor allem fühlt sich der Wein auf der Zunge und im Gaumen anders an. Burgunder hat eine reiche, cremige Textur, die mit zunehmendem Alter des Weins ausgeprägter wird. (Im Unterschied zu den meisten Chardonnays der mittleren Preisklasse aus der Neuen Welt läßt sich weißer Burgunder mehrere Jahre lagern.)

Die meisten Weine dieser Preisklasse kommen aus dem Gebiet von Mâcon und von der Côte Chalonnaise (MÂCON und MONTAGNY) und nicht von der prestigeträchtigen Côte de Beaune (vgl. S. 48–53). Weine von Einzelwinzern, auch mit bescheidenem Etikett wie BOURGOGNE BLANC, sind im allgemeinen besser als Weine großer Handelshäuser *(Négociants)* und Genossenschaften *(Coopératives)*. ☆☆→☆☆☆

## CHABLIS

Chablis ist traditionellerweise stahlig und trocken (vgl. S. 36–41), doch die Produzenten kommen mehr und mehr dem Wunsch nach weicheren, weniger säurelastigen Weinen nach. Ein Großteil des Standard-Chablis wird heute in diesem Stil vinifiziert; Weine mit der Bezeichnung Premier Cru oder Grand Cru (im Unterschied zu den meisten einfachen Chablis im Faß ausgebaut) haben mehr Körper (vgl. S. 48–53). ☆☆→☆☆☆

## CHARDONNAY

**Pays d'Oc**: Das Languedoc im Süden Frankreichs ist zur Spielwiese für Önologen aus Übersee (insbesondere aus dem Fünften Kontinent) geworden, und zahlreiche Chardonnays dieses weiten Gebiets zeigen den fruchtigeren Stil der Neuen Welt, insbesondere Weine mit Namen wie «Southlands» oder der unübersehbaren Bezeichnung Chardonnay auf dem Etikett. Chardonnay aus der kühleren Gegend um Limoux im Nordwesten ist im allgemeinen leichter und bringt mehr den Burgunder Stil zur Geltung. ☆→☆☆

**Bulgarien, Ungarn, Moldawien**: Auch hier stehen Gast-Önologen, sogenannte «Flying Winemakers», im Rampenlicht; sie sorgen für einfachen, weichen Chardonnay mit einem Hauch von Eiche, der sein Geld wert ist. Faßgereifte Weine haben mehr Körper. ☆

**Italien**: Der günstigste italienische Chardonnay wächst im Norden, in den Gebieten Alto Adige, Trentino, Friuli, Veneto und Piemont. Ohne Faßausbau ist er ziemlich leicht und frisch, mit Zitronennoten, faßgereift gleicht er dem Chardonnay jeder anderen kühleren Gegend der mittleren Preisklasse. Namen, nach denen Sie Ausschau halten sollten: **Chardonnay delle Venezie** (oder Tre Venezie), **Chardonnay del Trentino** und **Chardonnay del Piemonte**. Volleren Stil hat der **Chardonnay del Salento** aus Apulien. ☆→☆☆

**Chardonnay aus der Neuen Welt**: Der Großteil des günstigen Chardonnay ist weich und mittelschwer. Die grundsätzliche Frage ist, ob er eher fruchtig ist oder Eichennote hat. Die leichteren Chardonnays kommen aus Chile, die fruchtigeren aus Südafrika oder Australien, jene mit der deutlichsten Eichennote aus Kalifornien, Neuseeland und – zu höheren Preisen – Australien und Südafrika (vgl. S. 48–53). Zunehmend beliebt sind die Chardonnays ohne Faßausbau, die ein besonders frisches Pfirsich- oder Melonenaroma an den Tag legen können, ohne den deutlichen Eichencharakter, der nicht jedem Weinfreund gefällt. ☆→☆☆

## CHARDONNAY-CUVÉES

Verschnitte von Chardonnay mit anderen Sorten werden immer beliebter; dabei variiert der Stil natürlich je nachdem, welche Sorte mit Chardonnay assembliert wird. Verschnitte mit weniger teuren Sorten wie CHENIN BLANC, VIURA oder unbekannten osteuropäischen Sorten wie Rikat oder Zenit ergeben oft leichtere Weine. Cuvées mit dominanteren Sorten wie COLOMBARD oder SÉMILLON ergeben viel fruchtigere, aromareichere Weine. ☆→☆☆

## CHENIN BLANC

Chenin aus der Neuen Welt neigt nicht zu der herben Säure wie Chenin aus dem Loiretal. Der meiste kommt aus Südafrika, wo er weiche Weine mit Melonenfrucht und einem Hauch von Süße ergibt. Ein paar Produzenten experimentieren mit Faßgärung oder lassen den jungen Wein auf der Hefe und erhalten so Weine mit vollerer cremiger Textur. Weine mit dem Etikett «Bush Vine» (von älteren Reben) sind stilvoller und eleganter.

Chenin wird auch in Kalifornien, Chile und Argentinien mit vergleichbaren Ergebnissen angebaut. Verschnitte mit anderen Sorten wie CHARDONNAY, Sauvignon und COLOMBARD nehmen die Merkmale dieser dominanteren Sorten an. ☆

## COLOMBARD

Australischer Colombard hat eine besonders reife, tropische Frucht, die es leicht macht, ihn mit CHARDONNAY zu verwechseln – mit dem er auch oft verschnitten wird. Doch er hat nicht ganz die Aromafeinheit eines Chardonnays oder die weiche cremige Textur und schmeckt häufig beinahe süß. Die Sorte wird auch in Südafrika großflächig angebaut und liefert dort günstige, fruchtige Weißweine, die oft mit Chardonnay oder CHENIN BLANC verschnitten werden. ☆

## CÔTES DU RHÔNE

Weißer Côtes du Rhône ist weniger bekannt als der rote, aber in den richtigen Händen kann ein weicher, trockener, leicht nussiger Weißwein entstehen, eine erfrischende Abwechslung zu den Sortenweinen der Neuen Welt. ☆→☆☆

## FUMÉ BLANC

Fumé Blanc war eine geniale Namensschöpfung des kalifornischen Weinkönigs Robert Mondavi für Sauvignon Blanc, dessen grüne Kräuternoten nie ganz nach dem Geschmack der Kalifornier waren. Heute ist der Name ein Synonym für den besonderen Sauvignon-Stil, dessen Pinier Mondavi war: dank einer zarten Eichennote etwas weicher, weniger säurebetont und mit stärkerer Apfelnote als die Sauvignons Frankreichs oder der übrigen Neuen Welt. Dieser Stil wird noch immer von den Amerikanern am meisten geschätzt, doch ab und zu experimentieren auch andere Produzenten mit einem Sauvignon im «Fumé-Stil». ☆→☆☆

## GAILLAC

Ein weicher, würziger südwestfranzösischer Weißwein mit leichter Apfelnote aus der lokalen Sorte Mauzac. ☆

### Speisen und Anlässe

*Dieser Weinstil ist unendlich anpassungsfähig: Er harmoniert mit einer breiten Palette verschiedener Gerichte und ist bei fast jeder Gelegenheit der richtige Wein. Leichtere Weine begleiten Fisch, Geflügel und Teigwaren, besonders an einer Rahmsauce. Ein Wein guter Qualität, z. B. ein weißer Burgunder, paßt zu einem Fisch wie Lachs oder einem klassischen Hähnchen vom Grill. Fruchtigere Weine haben oft zugleich auch würzigere Aromen. Ein Weinstil für zwangloses gesellschaftliches Beisammensein.*

## GAVI

Ein eleganter trockener Mode-Weißwein aus dem Piemont, dessen Preis oft in keinem Verhältnis zur Qualität steht. (Der Gipfel sind Produzenten, die ihre Weine Gavi di Gavi nennen.) Weine mit der Bezeichnung **Cortese** (so heißt die Sorte, aus der Gavi gekeltert wird) können ein besserer Kauf sein. ☆☆→☆☆☆

## LUGANA

Ein weiterer gelegentlich recht teurer italienischer Modewein aus der Lombardei und vom Südufer des Gardasees, mit feinem cremig-nussigem Aroma. Er ähnelt einem guten SOAVE CLASSICO und ist im allgemeinen auf der Weinkarte eines Restaurants eine viel verläßlichere Wahl. ☆☆

## MÂCON-VILLAGES

Weine aus dem Mâconnais nördlich der Region Beaujolais haben in der Regel ein volleres Aroma als CHABLIS, doch auch sie können in der Qualität schwanken. Weine mit der Bezeichnung Mâcon-Villages oder aus einzelnen Dörfern wie **Mâcon-Lugny** oder **Mâcon-Viré** lohnen sich eher als simpler **Mâcon Blanc**. ☆☆

## MARSANNE
und andere südfranzösische Weine

Heute werden in Südfrankreich von weitverbreiteten Sorten wie CHARDONNAY und Sauvignon zwar viele Weißweine im Stil der Neuen Welt gekeltert, doch der bevorzugte Stil von Languedoc-Roussillon war traditionellerweise erdiger als die heute populäre fruchtige Richtung. Weine aus den Sorten Marsanne und Roussanne (die auch an der Rhone angebaut werden) gehen mehr in diese ursprüngliche Richtung, ebenso die Weine einzelner Winzer in **Corbières** oder **Roussillon** oder der Großappellation **Coteaux du Languedoc**. ☆→☆☆

## MONTAGNY

Eine Weißwein-Appellation der Côte Chalonnaise, die zunehmend zum Einsatz neuer Barriques übergeht und Weine mit deutlicher Eichennote erzeugt. Weniger bekannte Appellationen mit gutem Preis-Leistungs-Verhältnis in diesem Teil von Burgund sind **Mercurey** und **Rully**. ☆☆

## PINOT BLANC

In Italien heißt die Sorte Pinot Bianco. Sie ergibt weiche, trockene neutrale Weine ohne große Eigenart. Die Ausnahme ist das Elsaß, wo sich ein weitaus eleganterer und cremigerer Stil entwickelt hat, der einem leichteren CHARDONNAY nicht unähnlich ist. Einige beeindruckende Beispiele wachsen unter dem Namen Weißburgunder auch in Deutschland und Österreich. ☆☆

## PINOT GRIS – Nordamerika

Die ABC-Fraktion (**A**lles, **B**loß kein **C**hardonnay) stürzt sich zur Zeit auf Pinot Gris, eine Sorte, die zu einem weichen, stilvollen Wein mit Pfirsich- und Aprikosennoten und frischerer Säure als der allgegenwärtige Rivale gekeltert werden kann. Besonders beliebt ist die Sorte in Oregon, aber auch in Kalifornien, Kanada und dem Staat New York interessiert man sich für sie. ☆☆

## RUEDA

Obwohl der spanische Rueda zunehmend in einem frischeren Stil vinifiziert wird, können Sie bei kleineren Produzenten den traditionellen Stil finden: weicher und mit stärkerer Apfelnote. ☆→☆☆

## RIOJA

Früher war weißer Rioja ein intensiver, körperreicher Wein mit leichtem Sherry-Ton, und einige Erzeuger bauen ihn immer noch in diesem Stil aus (vgl. S. 100–101). Doch die meisten spanischen Kellermeister haben ihre alten Holzfässer ausrangiert und setzen auf neue Eiche und erzeugen viel leichtere fruchtigere Weine. Im Unterschied zu traditionellem weißen Rioja wird der Rioja neuen Stils am besten jung getrunken: Suchen Sie den jüngsten Jahrgang. ☆→☆☆

## ST-VÉRAN

Dieses Dorf gehört zur Appellation MÂCON im Süden Burgunds, die im allgemeinen Wein von reicher, cremiger Textur erzeugt, der sein Geld wert ist. Oft nennt man ihn den **Pouilly-Fuissé** des kleinen Mannes (die berühmtere Nachbar-Appellation), der länger im Faß reift und voller im Stil ist (vgl. S. 48–53). ☆☆

## SÉMILLON

Sémillon hat so viele Erscheinungsformen, daß es schwerfällt, einen typischen Stil festzuhalten. Die meisten sortenreinen Sémillon-Weine sind weich und mittelschwer, mit Ausnahme der australischen. – Doch außerhalb Australiens wird die Sorte nicht viel angebaut: ein wenig in Chile, Neuseeland und im Staat Washington; überall hier ergibt Sémillon angenehm weiche, fruchtige Weine, denen jedoch die aufregend tiefen Aromen der australischen Weine fehlen. ☆→☆☆

## SÉMILLON/CHARDONNAY

«Sém/Chard», wie man ihn unter Weinhändlern nennt, ist ein populäres Duo, das in einer Reihe von preisgünstigen australischen Verschnitten auftritt. Fruchtiger als sortenreiner CHARDONNAY, weniger üppig und körperreich als reinsortiger australischer Sémillon (vgl. S. 48–53), ergibt die Cuvée unkomplizierte, fruchtige Tropfen. Chardonnay-Liebhaber mögen ihn ein wenig zu süß finden, doch diese Weine sind ein guter Einstieg für neue Weinfreunde. ☆→☆☆

## SIZILIEN

Sizilianische Weißweine wachsen viel weiter südlich als die anderen italienischen Weißweine. Sie waren stets eher schwer, doch die Einführung moderner Kellertechnik durch «Flying Winemakers» und die geschickte Vinifikation lokaler Sorten wie Catarratto, Grecanico, Grillo und Inzolia haben einige wirklich charaktervolle fruchtige Weißweine hervorgebracht. Ein aufstrebendes Gebiet, das einen außergewöhnlich hohen Gegenwert fürs Geld liefert. ☆

## SOAVE CLASSICO

Einfacher Soave war über Jahre hinweg so sanft, ja flach, daß er für dieses Kapitel zu leicht erscheinen könnte. Doch die Weine besserer Qualität tragen üblicherweise die Bezeichnung «Classico» und haben eine attraktive cremige Textur und eine delikate Mandelnote. ☆☆

## VERDELHO

Die Sorte, die traditionellerweise für Madeira gebraucht wird, ist von Weinmachern in Australien zu neuem Eigenleben erweckt worden. Die Weine sind saftig und erfrischend mit angenehmer Limettenfrucht. ☆☆

## VIURA

Die spanische Sorte, die seit je das Rückgrat des weißen Rioja war, hat heute die Chance einer eigenen Karriere. Faßgereifte Weine haben ein leichtes, cremiges Aroma. ☆

### Lagerung und Servieren

*Nicht zu kühl servieren (nicht mehr als eine Stunde vorher in den Kühlschrank stellen). Zu kalt können diese Weine ihre delikaten Aromen nicht voll entwickeln. Preisgünstigere Flaschen sollte man innerhalb von drei Monaten trinken. Weine besserer Qualität wie Chablis oder St-Véran halten viel länger, können aber etwas von ihrer ursprünglichen Frische verlieren.*

# REICHE, SCHWERE WEISSWEINE

Vor ein paar Jahren, als eichenbetonter Chardonnay am höchsten im Kurs war, hätten Sie in diesem Kapitel mehr Weine gefunden. Es war die Zeit, als jeder Kellermeister den körperreichen Stil tropischer Früchte kopieren wollte, der in Kalifornien und Australien so populär geworden war. Heute schlägt das Pendel in die andere Richtung aus. In dem Maß, wie die Menschen sich leichterem Essen zuwenden, wählen sie auch leichtere, erfrischendere Weine.

Wo bleibt da der Chardonnay? Wie bereits gesagt, ist er heute in beiden Kapiteln fest verankert. Die meisten Chardonnays der tieferen und mittleren Preislage werden heute in leichterem, weicherem Stil vinifiziert, die teureren neigen zu Fülle und Körper.

Die Hauptmerkmale der volleren Chardonnays – denn wieder ist er die kapitelbeherrschende Sorte – sind Konzentration und Komplexität. Das rührt zum Teil von der sorgfältigen Wahl der Rebberge her. Die Neue Welt hat entdeckt, was man in der Alten schon seit je wußte: die Bedeutung des *terroir*, des einzigartigen Zusammenspiels von Exposition, Boden und Klima, das die eine Lage so viel besser macht als eine andere. Mehr und mehr verraten kalifornische und australische Weine ihren spezifischen Ursprung: nicht bloß Napa, sondern Carneros, nicht Südostaustralien, sondern das Clare oder Barossa Valley oder Padthaway.

## Die Aromenpalette des Kellermeisters

Ein Vorzeige-Chardonnay kann aus bis zu fünf, sechs Weinen zusammengesetzt sein: aus verschiedenen Lagen, einige nicht faßgelagert, einige mit Faßgärung, einige im Stahltank vergoren und dann auf neue, ein- oder zweijährige Barriques gezogen, die leichter oder kräftig geröstet sein können. Der Kellermeister kann eine reiche Aromenpalette zusammenstellen: Die Vanillenote der Eiche wird cremig, der Mangoton verwandelt sich in Aprikose, Grapefruit und Limette, aus einfacher Süße wird erfrischende Säure, das Eichenholz fügt sich nahtlos ein, gibt Fülle und sorgt für einen langen, schönen Abgang.

Dadurch ist es schwieriger geworden, die Spitzen-Chardonnays auseinanderzuhalten. Jene aus der Neuen Welt werden etwas süßer und weicher, reicher und buttriger sein, doch das kann täuschen. Ein großer Unterschied besteht im Reifungspotential: Sogar die besten Chardonnays der Neuen Welt sind im Alter weniger attraktiv, sie werden ziemlich schwer, ja überladen, nichts von den reichen Nußnoten, dem aufregenden Säurespiel bester weißer Burgunder.

Langlebigkeit ist auch ein Kennzeichen anderer Spitzenweine dieses Kapitels: Weißer Hermitage und die klassierten Gewächse von Bordeaux, z. B. Pessac-Léognan, entwickeln sich zu besonders opulenten, komplexen Weinen, die besten Jahrgänge halten sich Jahrzehnte.

Erschwinglichere Versionen dieser Weine finden Sie in Australien. Die Sorten Marsanne, aus der Hermitage gekeltert wird, und Sémillon, die Basis des weißen Bordeaux, sind hier eigenständige Persönlichkeiten. Jung schmecken sie wie jeder andere fruchtige australische Weißwein, doch nach ein paar Jahren entwickeln sie die wundervollsten Ananas- und Trockenfruchtaromen. Und weil beide nicht besonders in Mode sind, bieten sie ein exzellentes Preis-Leistungs-Verhältnis.

Alles in allem sind dies kaum die Weine, die Sie jeden Tag trinken werden. Die meisten sind zu teuer, zu üppig und zu schwer oder zu ausgefallen. Reservieren Sie sie für besondere Anlässe und für Menschen, bei denen Sie sicher sind, daß sie das Erlebnis ebenso schätzen wie Sie selbst: Wenn der Wein im Vordergrund steht und man sich fragt, was man dazu essen soll.

## Zum Etikett

Die meisten dieser Weine haben mit 13–13,5 % einen hohen Alkoholgehalt. Achten Sie auf den Jahrgang. Ein mehr als drei Jahre alter Wein ist möglicherweise nicht so frisch und fruchtig, dafür komplexer. Das Etikett auf der Rückseite sagt Ihnen, wie lange der Wein in Barriques gereift ist: Bei mehr als einem Jahr wird er eine deutlichere Eichennote haben.

### Ausgangspunkte

| **Chardonnay im europäischen Stil** | **Alles, bloß kein Chardonnay** |
|---|---|
| Guter weißer Burgunder | Australischer Sémillon |
| Kalifornischer Chardonnay (Carneros) | Australischer Marsanne |
| | Traditioneller weißer Rioja |
| | Pessac-Léognan (Graves) |
| **Chardonnay aus der Neuen Welt** | |
| Südafrikanischer Chardonnay | |
| Australischer Chardonnay | |
| Neuseeländischer Chardonnay | |

**Oben** *Das hübsche Burgunderdorf Pernand-Vergelesses liegt nördlich des Weinbergs von Corton-Charlemagne, wo einer der teuersten Weißweine der Welt wächst.*

**Linke Seite** *Das Hunter Valley in Australien produziert Chardonnays in einem etwas feineren Stil als früher. Die Weine sind immer noch mächtig, haben aber eine weniger starke Eichennote und komplexere Aromen.*

## BURGUNDER

Kein anderer Weißwein ist so sinnlich wie ein teurer weißer Burgunder, der höchste Ausdruck der CHARDONNAY-Traube. Das sensorische Zusammenspiel von Butter, Sahne, Haselnuß, Pfirsich. Limetten und ein Hauch von Zimt machen ihn zu einem unvergeßlichen Erlebnis. Solche Komplexität braucht Zeit, um sich zu entwickeln. Wenige Weine dieser Klasse sind jünger als dreijährig trinkreif, während der nächsten fünf bis sieben Jahre werden sie immer besser. Mit dem Alter ändert der Wein seinen Charakter, er wird weniger cremig, dafür reicher und entwickelt Honigaromen, oft aber auch eine leicht ölige oder pflanzliche Note – die man mag oder nicht.

Sich in den Weinbergen Burgunds zurechtzufinden ist wegen der unzähligen Namen schwierig. In den meisten Anbaugebieten wachsen sogenannte «Premiers Crus» oder «Grands Crus», die aus genau definierten, jahrhundertealten Lagen stammen: Weine der höchsten Qualität. Die besten Weine heißen (zumindest in der Theorie) Grand Cru, Premier Cru die folgende Kategorie, die allerbesten Beispiele kommen aus winzigen Lagen wie CORTON-CHARLEMAGNE.

Leider erreicht nicht jeder Burgunder diese schwindelerregende Höhe, es lohnt sich, bei einem Fachhändler einzukaufen oder bei einem Sommelier zu bestellen, der seine Weinkarte kennt. Mißtrauen Sie Angeboten von Spitzenweinen, die weit unter dem normalen Preis liegen.

Weniger bekannte weiße Burgunder dieses Stils können ein besonders guter Kauf sein: **Auxey-Duresses**, **Pernand-Vergelesses**, **St-Aubin** und **St-Romain**. Es lohnt sich, nach diesen Namen Ausschau zu halten. ☆☆☆

## CHABLIS GRAND CRU

Einfacher Chablis ist zwar trocken und hat eine Feuersteinnote, doch die Spitzenweine (Grand Cru) gehören hierher. Sie heißen Blanchot, Bougros, Les Clos, Grenouilles, Les Preuses, Valmus und Vaudésir. Einige Premiers Crus kann man als körperreich bezeichnen, doch mittlerweile gibt es so viele (sie machen einen Viertel der Weinproduktion aus), daß viele davon offen gesagt kaum besser sind als einfacher Chablis.

In der Flasche entwickelt Chablis kräftige, reiche, ja tropische Aromen – ein Gegensatz zu der schlanken, stahligen Art, die er in seiner Jugend hat. Grand Cru Chablis sollte mindestens fünf Jahre lagern und kann zehn Jahre oder länger großartig reifen. ☆☆☆

## CHARDONNAY mit Barrique-Ausbau

**Europa (außer Frankreich)**: Die meisten europäischen Chardonnays haben einen leichteren Stil. Die Ausnahme bildet Spanien, das in den aufstrebenden Gebieten von Navarra und Somantano beeindruckend körperreichen Chardonnay mit Röstnoten zu einem sehr vernünftigen Preis produziert. Es gibt auch einzelne Winzer, die Spitzen-Chardonnay mit entsprechenden Preisen erzeugen wollen: Gaja, Antinori und Avignonesi in Italien, Domaine Constantin in Griechenland und in Spanien Miguel Torres, dessen hochangesehener Milmanda in Conca de Barbera wächst. ☆→☆☆☆

**Kalifornien**: Es mag zwar unter Kennern eine ABC-Welle (**A**lles, **B**loß kein **C**hardonnay) gegeben haben, doch die meisten nordamerikanischen Weinliebhaber und -produzenten nehmen die Sorte noch sehr ernst, vor allem in Kalifornien, wo nach übereinstimmender Meinung der maßgebenden Fachleute die höchste Qualität außerhalb Burgunds erzeugt wird.

Herz der Chardonnay-Produktion ist das Napa Valley, vor allem der kühlere südliche Teil Carneos, wo die Weinberge von Spitzenproduzenten wie Cuvaison und Saintsbury liegen. Weitere bevorzugte Gebiete sind Sonoma (besonders Russian River), Monterey County südlich von San Francisco, das Edna Valley und Santa Maria Valley an der South Central Coast. ☆☆→☆☆☆

**Kanada**: In den letzten Jahren hat dieses Land als Chardonnay-Produzent gewaltig zugelegt und kann heute einige beeindruckende Weine vorweisen. Die meisten kommen aus der Region von Ontario. ☆☆→☆☆☆

**Staat New York**: Gerade jenseits der Grenze von Ontario liegen die New Yorker Weinberge, die Weine sind den kanadischen sehr ähnlich. Einige recht CHABLIS-artige kommen von Long Island und den Finger Lakes. ☆☆→☆☆☆

**Nordwestküste**: Als Chardonnay-Produzent hat der Staat Washington gegenüber Oregon die Nase vorn und erzeugt fruchtige Weine mit vollem Körper im typisch kalifornischen Stil. Doch die Chardonnays aus Oregon könnten à la longue dem weißen Burgunder näherkommen: Mehr und mehr übernehmen kleinere Produzenten traditionelle Methoden. ☆☆→☆☆☆

**Australien**: Als alle Welt zu wissen glaubte, woran man mit australischem Chardonnay sei, wandelte sich das Bild. Der mächtige Eichen-

Stil der späten achtziger und frühen neunziger Jahre ist aus der Mode gekommen und viel zurückhaltenderen Weinen gewichen: kein Burgunder zwar, aber ein Chardonnay, der oft cremige Eleganz und viel frischere Säure zeigt. Höchstes Lob ernten heute die Weinberge der kühleren Gegenden: Clare Valley, Eden Valley, Padthaway und die Adelaide Hills in Südaustralien, das Yarra Valley in Victoria. Aber selbst im heißen, feuchten Hunter Valley gibt es eine vielversprechende Region namens Orange.

Auch westaustralische Weine sind keineswegs stereotyp. Chardonnays von Produzenten wie Cullen, Leuwin und Moss Wood können ohne Zweifel bei den weltbesten mithalten. Die Weine sind immer noch kräftig, aber im ganzen komplexer als das simple Frucht-und-Eiche-Rezept früherer Tage. ☆☆→☆☆☆

**Neuseeland**: Welche Ironie, daß Neuseeland für seine Sauvignons weltbekannt ist, wo seine Chardonnays so gut sind! Wegen der wirtschaftlichen Produktionsbedingungen können ohnehin nur wenig preisgünstige Weine produziert werden, deshalb wird großzügig in gute Eichenfässer investiert. Es lohnt sich, die regionalen Unterschiede zu entdecken: Chardonnays von der Gisborne Bay und der Hawke's Bay auf der Nordinsel zeigen deutlichere tropische Frucht als jene aus der kühleren Marlborough-Region auf der Südinsel. Wie in Australien gibt es aber auch große Unterschiede innerhalb der einzelnen Regionen. Das Wairarapa-Gebiet am Südende der Nordinsel erzeugt z. B. einen klassisch cremigen Burgunder-Stil. Machen Sie sich generell auf mächtige Weine mit spürbarer Eichenprägung gefaßt, die stilistisch zwischen Australien und Kalifornien liegen. ☆☆→☆☆☆

**Südafrika**: Die meisten preiswerteren südafrikanischen Chardonnays gehören ins vorhergehende Kapitel, doch Südafrika erzeugt auch günstige Weine in körperreicherem Stil – wobei die Eiche ganz schön vorherrschen kann. Die Zahl teurerer Weine, die dem Standard der besten Chardonnays der Neuen Welt nahekommen, ist im Wachsen: Erzeuger sind u. a. Neil Ellis, Hamilton Russell, Klein Constantia, Thelema und Vergelegen. ☆☆

**Chile**: Nur die Reserva-Chardonnays der Spitzenklasse haben genug Körper, um hier erwähnt zu werden, aber sie werden immer zahlreicher. Wie viele andere chilenische Weine sind sie ihren Preis wert. ☆☆

**Argentinien**: Das Land befindet sich in Sachen Wein heute etwa dort, wo Chile vor fünf Jahren stand. Die Chardonnays haben einen vordergründigen Eichenton, sind aber dafür ein äußerst günstiger Kauf. ☆→☆☆

## CORTON-CHARLEMAGNE

Märchenhaft üppiger, cremig-buttriger Grand Cru am Nordende der CÔTE DE BEAUNE, der mehrere Jahre benötigen kann, bis er seine wahre Pracht enthüllt. Ungewöhnlich für Burgunder: Die Cuvée kann mit einem Teil Pinot Blanc und Pinot Gris assembliert werden. Sehr rar und sehr teuer. ☆☆☆

### Speisen und Anlässe

*Diese körperreichen Weine können von ebenso aromareichen Speisen begleitet werden. Sparen Sie gute weiße Burgunder, guten Weißwein von Bordeaux und die besten Chardonnays aus der Neuen Welt für besondere Anlässe und festliche Gerichte wie Steinbutt oder Hummer auf. Günstigere Weine wie australische Chardonnays und Sémillons passen gut zu moderner europäischer Küche oder würzigen Gerichten von der nordamerikanischen Pazifik-Küste.*

## CÔTE DE BEAUNE

Die meisten weißen Spitzenburgunder (außer Chablis) stammen von der Côte de Beaune – einem gesegneten Landstrich, der die größten Weißweine der ganzen Region und einige der prestigeträchtigsten Rotweine hervorbringt. Sie erzielen phantastische Preise, weil sie nur in kleinen Mengen erhältlich sind. Weine nur mit der einfachen Bezeichnung «Côte de Beaune» werden deutlich leichter sein. ☆☆→☆☆☆

## JURANÇON SEC

Eine unbekannte, aber köstliche Spezialität. Dieser elegante, trockene, würzige, körperreiche Wein kommt aus der Gegend von Pau in Südwestfrankreich, vom Fuß der Pyrenäen. Es gibt auch eine leckere süße Version (vgl. S. 92–97). ☆☆☆

## MARSANNE

Diese Sorte ist der unbesungene Held der Weißweine aus dem Rhonetal. Zu Ruhm und Ehre gelangt sie als sortenreiner Wein im Goulbourn Valley bei Victoria in Australien. Die beiden Produzenten Chateau Tahblik und Mitchelton keltern Weine von bemerkenswert tiefer Farbe mit reichen Aromen von gebackener Ananas und gegrillter Grapefruit, die (wie Sémillon) nach mehrjähriger Lagerung auf dem Höhepunkt sind. ☆☆

## MEURSAULT

Die größte Weingemeinde der berühmten CÔTE DE BEAUNE erzeugt mächtige CHARDONNAYS mit reichen Butterscotch-, Röst- und Eichennoten. Grands Crus gibt es zwar nicht, doch die meisten Weine haben vollen Körper. Einer der leichter erhältlichen weißen Spitzenburgunder, ein verläßlicher Wein und guter Kauf. ☆☆→☆☆☆

## PESSAC-LÉOGNAN (GRAVES)

Die berühmtesten trockenen Weißweine von Bordeaux heißen jetzt nicht mehr Graves, sondern gehören heute zu der neulich geschaffenen Appellation Pessac-Léognan, die sich die besten Teile sicherte, als die Region Graves aufgeteilt wurde. Sémillon und Sauvignon in Vollendung: anmutig, elegant, cremig, mit einem Reifepotential von Jahren, ja Jahrzehnten – eine ideale Zuflucht für Weinliebhaber, die Alternativen zu Chardonnay suchen. ☆☆→☆☆☆

## POUILLY-FUISSÉ

Der berühmteste Weißwein aus dem Mâconnais (vgl. **Mâcon**, S. 46). Wie bei CHABLIS schwankt die Qualität stark. Premiers Crus oder Grands Crus gibt es nicht, die besten Weine kommen von Einzellagen und konstant zuverlässigen Winzern wie Ferret, Guffens-Heynen und Marcel Vincent auf Château Fuissé. ☆☆→☆☆☆

## PULIGNY-MONTRACHET UND CHASSAGNE-MONTRACHET

Zwei Gemeinden am Südende der Côte de Beaune, die einige der verführerischsten, elegantesten cremigen weißen BURGUNDER erzeugen. Die besten kommen aus Grand-Cru-Einzellagen wie **Le Montrachet** und **Bâtard-Montrachet**, die die beiden Gemarkungen verbinden. Doch wegen der sehr beschränkten Größe der Weinberge (Bâtard-Montrachet 12 ha, Le Montrachet 8 ha, **Bienvenues-Bâtard-Montrachet** sogar bloß 4 ha) sind und bleiben diese Weine das Steckenpferd millionenschwerer Weinsammler. Einfacher Puligny und Chassagne-Montrachet sind erschwinglicher, aber immer noch keinesfalls billig. ☆☆→☆☆☆

## RHONE

Offen gesagt, an die großen Weißweine von der Rhone muß man sich erst gewöhnen. In ihrer Jugend sind sie sehr trocken, leicht ölig, erinnern ein wenig an Sherry und brauchen oft Jahre, bis sie sich zu ihrer Größe öffnen. Der bekannteste ist **Hermitage**; ein Drittel der Gesamtproduktion entfällt auf Weißweine aus den Sorten MARSANNE und Roussanne, doch auch Appellationen, die für ihren Rotwein bekannter sind, wie **Châteauneuf-du-Pape**, **Crozes-Hermitage** und **St-Joseph**, erzeugen etwas Weißwein.

Es gibt Anzeichen dafür, daß die Produzenten ihre Weine etwas mehr dem Kundengeschmack anpassen; dann könnten in den nächsten Jahren von der Rhone Weißweine höchster Qualität kommen. ☆☆→☆☆☆

## RIOJA

Hier geht der Trend zwar in Richtung viel frischerer Weißweine, doch Sie können immer noch traditionell gekelterte Weine finden. Sie lagern bis zu vier Jahren in großen Eichenfässern und schmecken etwas oxidiert, was manche Weintrinker von heute nicht mögen. Dennoch sind sie eine der wenigen Alternativen zu CHARDONNAY in dieser Kategorie. Weine mit der Bezeichnung «Crianza» (mindestens 6 Monate Faßausbau) sind wahrscheinlich leichter als eine «Reserva» oder «Gran Reserva», die mindestens zwei bzw. vier Jahre gelagert worden sind. ☆☆

## SAUVIGNON BLANC

Fast alle Sauvignon-Weine schmecken leicht und frisch, die Anbaugebiete an der oberen Loire (Sancerre und Pouilly Fumé) und die Marlborough-Region in Neuseeland hingegen bringen Schwergewichte mit konzentrierten Aromen hervor. Meistens ist ein Teil in Barriques ausgebaut worden (so beim berühmten neuseeländischen Cloudy Bay) oder wurde auf der Hefe liegen gelassen, damit er mehr Aroma entwickelt (vgl. S. 26–31) – oder er enthält einen kleinen Anteil SÉMILLON.

Einige Spitzenerzeuger in Frankreich, Kalifornien und Italien keltern einen Sauvignon in diesem Stil: Château Margaux z. B. seinen Pavillon Blanc, Gaja seinen Alteni di Brassica. ☆☆→☆☆☆

## SÉMILLON

Eigentlich ist Sémillon Australiens große Weißweintraube, weit mehr als CHARDONNAY. Doch dies ist ein Geheimnis geblieben, das überraschend wenig Weinliebhaber entdeckt haben. Zuerst wurde die Sorte im feuchten Hunter Valley in Neu-Südwales angebaut; heute genießt sie den Ruf, äußerst langlebige Weine zu ergeben, die in ihrer Jugend ein wenig eindimensional wirken, mit der Zeit aber eine komplexe Palette tiefer, reicher, karamelisierter Aromen entwickelt; Ananas, Honig, geröstete Nüsse … (obwohl sie nach Faßausbau schmecken, haben manche keines von innen gesehen).

Sémillon hat auch im Barossa Valley und im Clare Valley in Südaustralien Erfolg, wo er in einem deutlicher fruchtigen Stil gekeltert wird, und in Westaustralien, wo die Sorte oft wie in Bordeaux mit Sauvignon verschnitten wird, was Weine mit funkelnden Limetten- und Ananasnoten ergibt. ☆☆

## VIN JAUNE

Ein sehr ausgeprägter Weinstil, der ganz ähnlich wie Sherry Fino gewonnen wird. Das berühmteste Beispiel stammt aus der winzigen Appellation **Château-Chalon** im französischen Jura. ☆☆☆

## WEITERE WELTKLASSE-WEISSWEINE

In der ganzen Welt gibt es ehrgeizige Weinmacher, die individuelle Weißweine voller Charakter erzeugen und in kein Schema passen, außer daß sie kein CHARDONNAY sind – jedenfalls kein reiner. Beispiele sind Aimée Guiberts **Mas de Daumas Gassac Blanc**, Randall Grahms **Le Sophiste** (der sich an den großen Weißweinen von der Rhone orientiert) und der neue «weiße **Grange**» des australischen Giganten Penfolds. ☆☆→☆☆☆

### Lagerung und Servieren

*Ein Wein dieser Klasse verlangt (und belohnt) dieselbe Mühe, die der Erzeuger in ihn gesteckt hat. Wenn Sie ihn jung kaufen, trinken Sie ihn nicht sofort: Lagern Sie ihn liegend an einem kühlen, dunklen Ort. Kühlen Sie ihn vor dem Servieren nicht zu stark, und öffnen Sie ihn ruhig ungefähr eine Stunde, bevor Sie ihn in große Weingläser gießen. Preisgünstige Chardonnays halten ein paar Jahre. Die meisten Chardonnays aus der Neuen Welt sind mit drei bis fünf Jahren am besten, gute Burgunder im Alter von fünf bis acht Jahren, und die allerbesten Weißweine sind zwischen 15 und 20 Jahre auf dem Zenit. Auch die australischen Sémillons und Marsannes sind langlebig: Sie halten vier bis acht Jahre.*

# AROMATISCHE UND HALBTROCKENE WEISSWEINE

Von allen Weinstilen ist dies bei weitem der uneinheitlichste. Er umfaßt eine Vielzahl unterschiedlichster Richtungen. Keine davon ist eigentlich wirklich tonangebend.

Das, was sie von anderen Weißweinen unterscheidet, ist eine aromatische oder blumige Note, die sie nicht süß, aber auch nicht ganz trocken schmecken läßt. Meist wird diese Süße durch eine knackige Säure balanciert, so daß der Gesamteindruck köstlich erfrischend ist.

Deutschland hat in diesem Stil am meisten zu bieten; leider erzeugt es neben einigen der besten Weine der Welt auch solche, die zu den langweiligsten gehören. Unglücklicherweise kommen viele Einsteiger, die als erstes deutsche Weine kennenlernen, nie über die ersten schrecklichen Flaschen hinaus und wenden sich vom deutschen Wein ab, wenn sie anspruchsvoller geworden sind. Das Elsaß, ein weiterer bedeutender Produzent aromatischer Weine und mit Deutschland traditionell eng verbunden, wird über den selben Kamm geschoren.

Das Aroma der meisten Weine dieses Kapitels stammt aus den Trauben selbst. Während Chardonnay oft ebensoviel Geschmack der Eichensorte verdankt, in der er ausgebaut wurde, kommen Weine wie Riesling und Gewürztraminer nie auch nur in die Nähe eines neuen Eichenfasses. Traditionsbewußte Winzer verwenden noch immer große Eichenfässer, doch die meisten davon sind so alt, daß sie sehr wenig Aroma beitragen. Der Schwerpunkt liegt im Weinberg und nicht in der Kellerei – es geht darum, aus den besten Lagen die besten Trauben zu erhalten und für sich selbst sprechen zu lassen.

## Trocken oder süß?

Der große Unterschied zwischen einem Riesling und einem anderen liegt in der Süße. Sie hängt vom Reifegrad der Trauben bei der Lese ab – und davon, wie trocken oder süß der Kellermeister einen Wein wünscht (vgl. S. 26–31).

All diese Variationen spiegeln sich in einer Vielzahl von Klassierungen wider. In Deutschland heißen Weine besserer Qualität «Kabinett», «Spätlese» oder «Auslese», letztere können recht süß sein. Dasselbe gilt für die «Vendange Tardive» (Spätlese) im Elsaß. Was in der Flasche steckt, ist manchmal auf dem Etikett nicht ohne weiteres zu erkennen. Fragen Sie ruhig, wie trocken oder süß ein bestimmter Wein ist.

Die andere Gemeinsamkeit vieler dieser Weine ist ihre Lagerfähigkeit. Einige Spitzenrieslinge und Weine aus Chenin Blanc von der Loire wie Vouvray und Savennières halten Jahrzehnte. Doch der

Geschmack ist nicht jedermanns Sache. Riesling z. B. entwickelt mit der Zeit eine deutliche Kerosinnote, die von den sauberen Fruchtaromen moderner Sortenweine meilenweit entfernt ist.

Vielleicht ist dies der Grund, warum die aromatischeren Sorten von den Produzenten in der Neuen Welt nur zögernd angebaut wurden – deren Kunden sind einfachere Fruchtaromen gewohnt. Doch die Lage ändert sich: Neugierige Weinfreunde sind beständig auf der Suche nach neuen Erlebnissen. Australien macht sich einen Namen mit einzigartig körperreichem Riesling, Neuseeland zieht nach. Und aromatische Sorten wie Riesling und Gewürztraminer scheinen zur Spezialität für die kleineren nordamerikanischen Anbaugebiete wie British Columbia, Oregon, Ontario und den Staat New York zu werden.

Es ist eher das Image dieser Weine, das die Weinfreunde zurückhält. Kosten sie sie, mögen sie sie – erst recht, wenn sie feststellen, wie wenig Alkohol sie enthalten. Für neugierige, gesundheitsbewußte Weinfreunde ist dieser leichte, bezaubernd aromatische Weinstil eine echte Entdeckung.

## Zum Etikett

Es kann schwierig sein zu erkennen, wie süß diese Art Wein ist, doch «Spätlese», «Auslese» oder «Vendange Tardive» weisen auf einen konzentrierteren Wein hin, ebenso die Bezeichnungen «demi-sec» oder «halbtrocken». Auch der Alkoholgehalt ist ein Anhaltspunkt; wenig Alkohol deutet auf einen leichteren, frischeren Stil hin. Achten Sie auf den Jahrgang: Ältere Weine haben eher die erwähnten durchdringenden Limetten- und Kerosinnoten.

**Ausgangspunkte**

| **Leicht/blumig** | **Reich/aromatisch** |
|---|---|
| Silvaner<br>Riesling Kabinett | Australischer Riesling<br>Riesling Spätlese<br>Tokay-Pinot Gris |
| **Duftend/würzig** | **Halbtrocken** |
| Torrontes<br>Dry Muscat<br>Viognier<br>Gewürztraminer | Vouvray<br>Colombard aus der Neuen Welt |

**Oben** *Das pittoreske Dorf Hunawihr im Elsaß liegt inmitten einiger der besten Weinberge der Region.*

**Linke Seite** *Die spektakulär steilen Ufer der Mosel bieten der Rieslingtraube ideale Bedingungen zum Reifen. Die Weinberge sind nach der Sonne ausgerichtet, das Wasser reflektiert die Einstrahlung zusätzlich.*

## ALBARIÑO

Modische (und darum teure) Sorte, die in Galizien (Nordspanien) angebaut wird. Ergibt ansprechende, aromatische Weine mit feiner Pfirsichnote. Sollte jung getrunken werden, aber nicht zu bald nach der Abfüllung – am besten im Jahr nach der Lese. ☆☆→☆☆☆

## ANJOU UND SAUMUR BLANC – demi-sec

Neben den trockenen Versionen von Anjou Blanc und Saumur Blanc von der Loire werden halbtrockene Weine verkauft, die aber selten besonders aufregend schmecken. ☆→☆☆

## AUSTRALISCHE «DRY WHITES»

Es mag seltsam scheinen, hier einen sogenannt trockenen Weißwein aufzuführen, doch viele einfache Weine mit der Bezeichnung «Dry White» sind in Wahrheit gar nicht trocken. Dies gilt vor allem für Weine aus Ländern der Neuen Welt wie Australien, Neuseeland, Chile und Argentinien, die einen genug hohen Anteil einer aromatischen Sorte wie MÜLLER-THURGAU, MUSCAT oder TORRONTES enthalten. (Achten Sie beim Etikett auf der Rückseite auf Bezeichnungen wie «fragrant» oder «aromatic».) ☆→☆☆

## CHENIN BLANC – reif, trocken

Wie RIESLING entwickeln auch die besten Chenin Blancs von der Loire nach ein paar Jahren Flaschenreifung deutlichen Charakter: Honig- und Nußaromen. Aber nur die allerbesten Weine wie **Vouvray** und **Savennières** sind es wert, so lange gelagert zu werden – und es gibt leider nicht viele davon. ☆☆→☆☆☆

## COLOMBARD

Gilt allgemein als Sorte für trockenen Weißwein, wird aber von australischen und südafrikanischen Kellermeistern in einem leicht süßen Stil ausgebaut, eine interessante Wahl für alle, die einen nicht ganz trockenen Wein suchen. Der CHARDONNAY, der mit Colombard verschnitten wird, hat relativ hohen Restzuckergehalt. ☆

## CONDRIEU

Der teure und sehr gesuchte Weißwein von der nördlichen Rhone ist die reinste, exotisch parfümierte Verkörperung der Sorte VIOGNIER. Noch rarer (und astronomisch im Preis) sind die Weine der winzigen benachbarten Appellation **Château-Grillet**. ☆☆☆

## FURMINT

Spielt in Ungarns großem Süßwein Tokajer (vgl. S. 92–97) die entscheidende Rolle, ergibt aber auch trockenere, würzige, leicht erdige Weine mit vollem Körper. ☆→☆☆

## GEWÜRZTRAMINER

Die für diese Sorte üblichen Degustationsnotizen – Rosenblätter, Litschis und Türkischer Honig – unterstreichen deren Rang als Weißweinsorte mit den exotischsten Aromen weltweit. Noch immer denkt man im Zusammenhang mit dem Wein ans Elsaß, wo er seine üppig-würzige Höchstform erreicht, doch hat er auch die Aufmerksamkeit von Produzenten aus der Neuen Welt auf sich gezogen. Preisgünstige Versionen aus Südafrika, Chile und Kalifornien sind frischer und blumiger, jene aus Neuseeland, Kanada und Oregon komplexer. ☆→☆☆☆

## GRÜNER VELTLINER – reif

Grüner Veltliner guter Qualität wächst vor allem in der österreichischen Wachau und reift in der Flasche ganz ähnlich wie die beste RIESLING-Spätlese und entwickelt kräftige Gewürzaromen. Die Spitzengewächse mit mehr als 12 Volumenprozent Alkohol werden als *Smaragd* klassifiziert. ☆☆→☆☆☆

## HÁRSLEVELÜ

Die zunehmend beliebte und verbreitete ungarische Sorte wird allein oder verschnitten mit anderen einheimischen Sorten wie FURMINT zu preiswerten, frischen, aromatischen Weinen gekeltert. Osteuropäische Tiefpreisweine aus Ungarn, Bulgarien und Slowenien haben oft diesen Charakter – achten Sie auf den Begriff «Landwein». ☆

## IRSAI OLIVÉR

Die Traubensorte mit dem an MUSKATELLER erinnernden Aroma (auch Irsay Oliver) wird hauptsächlich in Ungarn, Slowenien und der Tschechischen Republik angebaut. ☆

## LAMBRUSCO

Blasser, süßlicher, leicht schäumender italienischer Weißwein aus der Emilia-Romagna, den gleichnamigen frischen, lebhaften Rotweinen nicht ebenbürtig. Weniger beliebt als früher. ☆

## LASKI RIZLING

So heißt die Sorte Welschriesling in Slowenien, wo sie langweilige, übersüßte Weißweine ergibt, die in der Ära der LIEBFRAUMILCH in England unter dem Markennamen Lutomer Riesling sehr populär war. Die Sorte kann auch köstlich frische, aromatische Weißweine hervorbringen, aber außerhalb ihrer Heimat findet man sie kaum. ☆

## LIEBFRAUENMILCH

Billige deutsche halbsüße Weine wie Liebfrauenmilch, Piesporter Michelsberg und Niersteiner beherrschten einen Großteil des Marktes, werden aber verdientermaßen Schritt für Schritt von Weinen besserer Qualität verdrängt, die mehr zu bieten haben als simple Süße. ☆

## MÜLLER-THURGAU

Die Kreuzung von RIESLING und SILVANER war der Hauptbestandteil der LIEBFRAUENMILCH und manch anderer billigerer deutscher Weißweine. Doch einige der frischen, sauberen und fruchtigen Weine aus Neuseeland zeigen, daß die Sorte Potential hat, das bisher noch nicht ausgeschöpft wurde. ☆→☆☆

## MUSCAT, MUSKATELLER

Ob Sie trockenen Muscat als trocken empfinden oder nicht, hängt von Ihrem Gaumen ab. Der meiste ist natürlich sehr süß – paßt nur zu einer Nachspeise – doch es gibt trockenere Versionen, vor allem im Elsaß und im Languedoc, welche die Einheimischen zum Aperitif zu trinken pflegen. Elsässer Muscat ist besonders fein – leicht, von erfrischender, traubiger Eleganz. Kleine Mengen Muscat fügt ein Kellermeister oft einer Assemblage hinzu, der er einen deutlich blumigeren oder aromatischen Charakter geben will. Trockener Muskateller ist auch in Ungarn populär und kann ein guter Kauf sein. ☆→☆☆

## RETSINA

An diesem griechischen Wein mit dem deutlichen Aroma von Piniennadeln (oder Desinfektionsmittel, wie böse Zungen behaupten) scheiden sich die Geister. Sein Geschmack stammt von Harzklumpen, die man in den gärenden Wein taucht. Es gibt ihn als Weißwein und Rosé, er sollte gut gekühlt getrunken werden. ☆

## RIESLING

**Deutschland**: Riesling hat schwer unter der Verwechslung mit billigen deutschen Weinen wie Liebfrauenmilch gelitten, die aus ganz anderen Sorten produziert werden. Doch die einzig-

### Speisen und Anlässe

*Diese eigenwilligen Weine sind nicht jedermanns Sache, Sie sollten den Geschmack Ihrer Gäste kennen. Die meisten Weine eignen sich eher als Aperitif, manche Kombinationen von Wein und Essen sind allerdings himmlisch: Australischer Riesling und würzig-scharfe Thai-Küche etwa, Gewürztraminer und der delikate Geschmack chinesischer Gerichte oder Tokay-Pinot Gris und Gänseleberpastete.*

artige Balance von erfrischender Säure und delikater Süße eines echten Rieslings erreicht kein anderer Wein der Welt.

Wie kann man guten Riesling von schlechtem unterscheiden? Der beste Anhaltspunkt ist die Bezeichnung «Qualitätswein mit Prädikat» (QmP); ein Wein mit dieser Auszeichnung darf nicht aufgezuckert werden. Nach fortschreitender Reife unterscheidet man Kabinett (mit je nach Anbaugebiet mindestens 8,6 bis 10 % Alkoholgehalt), Spätlese (10–11,6 %) und Auslese (11,1–14,1 %). Kabinettweine sind leicht und frisch, Spätlesen sind voller und runder, Auslese (die aus sehr reifen Trauben normalerweise zu süßerem Wein gekeltert wird) noch reicher. Achten Sie auf die Bezeichnung «trocken» oder «halbtrocken».

Der Stil wechselt von Anbaugebiet zu Anbaugebiet: Mosel-Saar-Ruwer erzeugt rassige, köstlich leichte Rieslinge mit sehr niedrigem Alkoholgehalt. Die Weine aus dem Rheingau und in zunehmendem Maß auch aus der Pfalz haben mehr Körper und sind üppiger, erinnern an Pfirsiche. An der Nahe und in Rheinhessen schwankt die Qualität stärker, die besten Weine von der Nahe neigen im Stil den Moselweinen zu, jene aus Rheinhessen (ein Gebiet, das noch immer große Mengen billiger Kurantweine produziert) ähneln mehr den Rheingauern und Pfälzern.

Der zweite große Unterschied besteht zwischen jungem und reifem Riesling. Junger Riesling, vor allem von der Mosel, kann so scharf schmecken, daß man fast Zahnschmerzen spürt, doch innerhalb von ein paar Jahren entwickelt er eine wunderbar üppige, beinahe petrolische Limettennote, die wesentlich besser schmeckt, als ihre Beschreibung tönt. Andere nehmen weichere, reichere Honigaromen an. Die Spitzenweine werden während Jahren immer besser. ☆☆→☆☆☆

**Elsaß**: Die Elsässer Rieslinge sind mächtiger und alkoholreicher als die deutschen, mit reicher Frucht und einem Hauch von Gewürznoten, aber die Qualität variiert wie in Deutschland. Am üppigsten sind die Vendanges Tardives (Spätlesen) aus den Grand-Cru-Weinbergen. ☆☆→☆☆☆

**Australien**: Ein idealer Riesling für Einsteiger, ebenso fruchtig und körperreich wie die anderen australischen Weine. Die besten kommen aus dem Clare Valley und dem Edna Valley in Südaustralien und haben eine wunderbar hochtönige Limettennote. Die delikaten deutschen Rieslinge genügen sich allein, die australischen sind phantastische Essensbegleiter. ☆☆→☆☆☆

**Neuseeland**: Riesling wird als Sorte in Neuseeland immer beliebter. Das Klima ist kühler als in Australien, der Wein deswegen leichter und eleganter; er hat eher die Note von reifen Pfirsichen und Kerosin wie die Gewächse aus den wärmeren Anbaugebieten Deutschlands. ☆☆→☆☆☆

**Nordamerika**: Bisher konnte sich Riesling als Sorte in den Vereinigten Staaten nie richtig durchsetzen. In Kalifornien und an der Nordwestküste ist sie unter dem Namen Johannisberg Riesling bekannt und wurde zu leichten Alltagsweinen mit Zitrusaromen verarbeitet. Einzelne Winzer in Oregon und dem Staat Washington keltern ihren Riesling in einem klassischen europäischen Stil – dem vielversprechenden Riesling aus Ontario und dem Staat New York ähnlicher. ☆☆→☆☆☆

**Ost- und Mitteleuropa**: Hier wird viel Riesling angebaut, allerdings schmeckt er oft nicht besonders typisch (manchmal handelt es sich auch um den weniger edlen Welschriesling). Am erfolgreichsten ist er in der Wachau in Österreich, wo Weine gekeltert werden, die hinsichtlich Stil und Qualität mit den Elsässern vergleichbar sind. ☆→☆☆☆

## SCHEUREBE

Die relativ neue Sorte (Kreuzung zwischen RIESLING und SILVANER) fand bei einer Zahl deutscher Spitzenproduzenten Gnade, vor allem in der Pfalz. Sie kann wunderbar üppige, würzige Weine mit einem verführerischen Spiel von Grapefruit und exotischen Früchten ergeben. ☆☆→☆☆☆

## SEYVAL BLANC

Die französische Hybridsorte ist in England und anderen kühleren Anbaugebieten (Kanada und Staat New York) beliebt und verbreitet. Sie ergibt frische, blumige, aber auch halbtrockene Weißweine. ☆→☆☆

## SYLVANER, SILVANER

Im Elsaß ergibt die Sylvaner-Traube den leichtesten Weißwein: frische, leicht blumige Weine, die deutlich trockener sind als deutscher Wein der selben Preisklasse. Sylvaner ist auch Bestandteil des leichten, fruchtigen Edelzwickers, den man außerhalb des Elsaß kaum je findet. In Deutschland heißt die Sorte Silvaner und ergibt in Franken wundervoll frische, spritzige Weine. ☆→☆☆

## TOKAY-PINOT GRIS

Verwirrenderweise wird Pinot Gris im Elsaß oft Tokay-Pinot Gris genannt, darf aber nicht mit dem ungarischen Tokajer verwechselt werden, einem ganz anderen, wesentlich süßeren Wein (vgl. S. 92–97). Pinot Gris aus dem Elsaß ist viel üppiger als jeder andere Pinot Gris, die besten Weine haben eine exotische Moschusnote. Eine Vendange Tardive kann ziemlich süß sein (vgl. S. 92–97). ☆☆→☆☆☆

## TORRONTES

Aus der ursprünglich spanischen Sorte wird der erfolgreichste Weißwein Argentiniens gewonnen, ein leichter, blumiger Wein mit intensivem Parfum. Jung getrunken ein Genuß, verblaßt er innerhalb eines Jahres. Verlangen Sie stets den jüngsten Jahrgang. ☆

## VIOGNIER

Die Sorte wurde quasi zur Kult-Traube. Jahrelang lag sie im Rhonetal in einer Art Dornröschenschlaf, und nur Insider wußten, daß aus ihr der große aromatische CONDRIEU gekeltert wird. Heute wird sie in ganz Südfrankreich angebaut und erfreut sich auch in Kalifornien zunehmender Beliebtheit. Die Sorte ist in der Behandlung äußerst kapriziös. Puristen beklagen, sie laufe nur selten zu ihrer Höchstform auf wie im Rhonetal, doch die meisten Weinfreunde sind mit den schönen Weinen mit Aprikosen- und Pfirsichnoten, die heute zu viel bescheidenerem Preis angeboten werden, mehr als zufrieden. ☆☆→☆☆☆

## VOUVRAY – demi sec

Einer der berühmtesten halbtrockenen Weißweine kommt von der Loire. Vouvray kann zwar schlimmstenfalls ebenso langweilig sein wie andere halbtrockene Weißweine der Gegend, doch die besten Weine von Erzeugern wie Brédif und Huët sind köstlich reich und erinnern im Aroma an Honig. Aus der Appellation **Montlouis** vom gegenüberliegenden Ufer der Loire kommt ein Wein in ähnlichem Stil. Schauen Sie sich das Etikett genau an: Beide Weine gibt es auch trocken (sec) und süß (moelleux). ☆☆→☆☆☆

## WEISSER ZINFANDEL

Lassen Sie sich nicht verwirren: Der beliebte «White Zin» ist eigentlich kein Weißwein – er wird aus der Rotweintraube Zinfandel gekeltert. Dasselbe gilt für **weißen Grenache** und **weißen Merlot** (vgl. das Kapitel Rosé, S. 82–85). ☆

### Lagerung und Servieren

*Diese Art von Wein sollte gut gekühlt serviert werden. Leichte duftige Sorten wie Silvaner, Torrontes und Viognier sollten bald nach dem Kauf getrunken werden, andere wie Chenin Blanc, Grüner Veltliner, Riesling und Tokay-Pinot Gris lassen sich jahrelang lagern. Im allgemeinen halten die reicheren, konzentrierteren (und damit auch unweigerlich teureren) Weine am längsten (vgl. auch die Bemerkungen zu den einzelnen Sorten und Weinen).*

# LEICHTE, FRUCHTIGE ROTWEINE

Weingenießer mögen leichtere Rotweine aus mehreren Gründen. Zum einen sind sie ein guter Einstieg, um Rotwein überhaupt kennenzulernen, nicht nur für den Gaumen (diese Weine sind weder rauh noch gerbsäurebetont), sondern auch für die Brieftasche. Fast alle preisgünstigen Rotweine sind leicht, ob sie nun *Vin rouge* heißen, *Vino rosso* oder *Vino tinto*, in einem französischen Café oder in einer italienischen Trattoria ausgeschenkt werden.

Anderseits sagt dieser Stil auch Weinkennern zu, die ihre Wahl dem Anlaß und der Jahreszeit anpassen. Für sie sind unbekanntere Rotweine von der Loire oder ein zarter Pinot Noir ideale Sommerweine oder unkonventionelle Begleiter zu Fisch.

Schließlich gibt es Weinfreunde, die diesen Weinstil entdecken und dabei bleiben. Sie ziehen weichen, fruchtigen Rotwein einem schweren, eichenbetonten Gewächs vor und genießen ihren Valpolicella oder Beaujolais. Dieser Stil hat einfach jedem etwas zu bieten. Die meisten dieser Weine sind leicht, weil sie es sein sollen, weil der Produzent sie zu einem bestimmten Preis auf den Markt bringen will.

## Hi-tech im Keller

Heutzutage, wo Qualität im Vordergrund steht, verdanken Weine ihren Stil weit eher den Vorgängen im Keller. Zur Produktion eines leichten Rotweins gehören ausgeklügelte Techniken wie die Kohlensäuremaischung (vgl. S. 26–31) und die Kaltgärung in Stahltanks, um die Fruchtaromen zu erhalten, und der Verzicht auf teure Eichenfässer, die nicht bloß den Preis in die Höhe schrauben, sondern dem Wein auch mehr Körper geben würden.

Deswegen werden auch Sorten wie Grenache und Tempranillo, sonst bekannt für schwerere Weine, in dieses Kapitel aufgenommen. Der Unterschied liegt im Grad der Konzentration. Aus Trauben von jüngeren Reben oder weniger gut gelegenen Weinbergen entsteht leichterer Wein, mit einem Alkoholgehalt von nur rund 11 Prozent.

Beim Geschmack eines Rotweins spielt auch das Klima eine Rolle. Im allgemeinen findet man diesen Stil in der Neuen Welt nicht: In wärmeren Klimazonen reifen die Trauben voll aus, und der höhere Zuckergehalt ergibt bei der Gärung auch einen höheren Alkoholgehalt. Ganz einfache und preisgünstige Rotweine vom Kap, aus Chile oder Kalifornien für möglichst jeden Geschmack sind die einzigen dieses Stils aus der Neuen Welt. In Europa spielt der Jahrgang eine große Rolle: Sie werden z. B. feststellen, daß der Beaujolais Nouveau in manchen Jahren viel reifer und fruchtiger schmeckt als in anderen. Auch ein einfacher Côtes du Rhône wird in einem guten Jahr wie 1995 viel reicher und voller schmecken als in einem schwachen Jahr wie 1992.

Es gibt Sorten, die von Natur aus leicht und fruchtig schmecken. Dies trifft für Gamay und Pinot Noir zu, aber auch auf weniger bekannte italienische Sorten, die den Valpolicella ergeben. Sie vom Eichenfaß fernzuhalten ist nicht bloß eine Sparmaßnahme, sondern erhält die reine Frucht. Teurere Rotweine, etwa von der Loire, können im Faß ausgebaut werden, doch die lange Reifezeit in dieser kühlen Gegend gibt den Weinen eine intensive Frucht – ein vollwertiger Ersatz für jeden einfachen Eichenton.

Bei diesem Stil gibt es große Unterschiede in der Schärfe bzw. Milde eines Weins. Vor allem die leichteren italienischen Rotweine wie Bardolino und Valpolicella oder auch Beaujolais haben eine natürlich herbe Frucht, die durch Aufzuckerung (Chaptalisierung) verdeckt werden kann. Bessere Produzenten verzichten jedoch darauf. Kühl getrunken können solche Weine im Sommer enorm erfrischend sein, doch mancher findet sie unangenehm spitz und säurelastig. Andere Sorten wie Merlot, Pinot Noir und Dornfelder sind viel weicher und erschließen sich dadurch viel einfacher.

Die meisten dieser Weine bieten einfachen, unkomplizierten Trinkgenuß. Man kauft sie, nimmt sie mit nach Hause und trinkt sie innerhalb einer Woche, wenn nicht sogar am selben Abend. Man braucht sie nicht zu lagern, und doch haben sie auf jedermanns Tisch ihren Platz.

## Zum Etikett

Die beiden besten Hinweise auf einen leichteren Weinstil sind der Alkoholgehalt und der Jahrgang. Rotweine mit weniger als 12 Volumenprozent sind fast immer leicht und fruchtig. Verlangen Sie den jüngsten Jahrgang – zwei- oder dreijährige Weine können bereits fad und kraftlos schmecken.

**Ausgangspunkte**

| Frisch, fruchtig | Weich, mild |
|---|---|
| Beaujolais<br>Einfacher Burgunder<br>Bardolino<br>Valpolicella | Italienischer oder ungarischer Merlot<br>Dornfelder<br>Chilenischer Pinot Noir |

**Oben** *Valpolicella im Nordosten Italiens ist die Heimat einer großen Zahl leichter Rotweine. Das Foto zeigt einen Teil der Zone, wo «Valpolicella Classico» wächst, theoretisch die Basis für bessere Qualität.*

**Linke Seite** *Die schöne Landschaft von Beaujolais in Burgund bringt ausgesprochen saftige, fruchtige, leichte Rotweine hervor*

## BARBERA

Die Sorte ergibt eine breite Palette von Weinen, einige davon sind recht körperreich. Der leichteste ist **Barbera d'Asti** aus dem Piemont mit dem herben, erfrischen Geschmack von Sauerkirschen. ☆☆→☆☆☆

## BARDOLINO

Ein ansprechend leichter, fruchtiger Rotwein aus dem Veneto im Nordosten Italiens. Sehr ähnlich im Stil wie VALPOLICELLA, aber weniger kommerziell – oft leichter, aber weniger süß. ☆→☆☆

## BEAUJOLAIS

Dieser Inbegriff eines leichten, fruchtigen Rotweins wird im südlichsten Abschnitt der Appellation BURGUND aus der Gamay-Traube gekeltert. Einst war sein jugendlicher Stil mit Kirschenaromen geradezu einzigartig, doch Konkurrenz durch ebenso fruchtige Weine aus der Neuen Welt hat seiner Beliebtheit geschadet. Die erste Begegnung ist für die meisten der **Beaujolais Nouveau**, jeweils der erste Wein des Jahrgangs, der bereits im November, nur wenige Wochen nach der Lese, auf den Markt kommt. Er ist meist sehr leicht und erinnert im Aroma etwas an Bananen und Kaugummi. Einfacher Beaujolais unterscheidet sich davon oft nicht groß, doch Weine besserer Erzeuger wie Carron und Sarrau können sehr gut sein. Beaujolais Villages kommt aus einzelnen Gemeinden der Region und sollte theoretisch noch besser sein. Viel zuverlässiger sind die sogenannten «Crus» (s. nächstes Kapitel). ☆→☆☆

## BLAUER ZWEIGELT

Die beliebte österreichische Sorte Zweigelt ergibt weiche Rotweine mit leichtem Pflaumenaroma, oft moderat im Preis. ☆→☆☆

## BLAUFRÄNKISCH (KÉKFRANKOS)

Eine weitere ursprünglich österreichische Sorte. Ohne Faßausbau ergibt sie würzige Rotweine mit attraktiv herben Beerenaromen (in diesem Stil wird sie in Ungarn gekeltert, wo sie Kékfrankos heißt). Faßgereifte Weine sind reicher und schwerer. ☆☆→☆☆☆

## BURGUNDER – preisgünstig, ohne Faßausbau

Weil er generell so teuer ist, hat Burgunder den Ruf eines schweren Weins. Doch PINOT NOIR, woraus er gekeltert wird, ist eine leichte, duftige Sorte, die ohne Faßausbau Weine mit reiner, intensiver Himbeerfrucht und köstlich sanfter geschmeidiger Textur ergibt.

Einfacher Burgunder heißt schlicht «Bourgogne Rouge», einige Erzeuger erwähnen die Sorte «Pinot Noir» auf dem Etikett. Wie im benachbarten Beaujolais schwankt die Qualität, doch der Standard hat sich in den letzten Jahren erheblich verbessert. Weine von kleinen Winzern, die oft direkt neben den größten Weinbergen der Gegend liegen, können sehr gut sein.

**Bourgogne Passe-Tout-Grains** ist ein Verschnitt von Pinot Noir und GAMAY. Wie schon die Traubensorten vermuten lassen, liegt er im Stil zwischen Burgunder und Beaujolais.

Einige Burgunder einzelner Gemeinden können als leicht und fruchtig bezeichnet werden, am ehesten **Chorey-lès-Beaune**, **Marsannay**, **Monthélie**, **Rully** und bisweilen **St-Aubin**. ☆☆

## CABERNET FRANC – Europa

Die dritte Sorte der klassischen Bordeaux-Assemblage wird in anderen europäischen Anbaugebieten wie etwa der LOIRE, Osteuropa und Norditalien reinsortig gekeltert. Sie paßt sich kühleren Klimazonen an und ergibt trockene Weine mit recht reichem Aroma und Traubenkamm-Anklängen, die sie relativ leicht scheinen läßt. Italienische Weine, meist aus der Region Friuli im Nordosten, sind besonders fruchtig. ☆☆→☆☆☆

## CINSAULT – Südafrika

Cinsault oder Cinsaut ist in Südafrika verbreitet und wird dort den meisten preiswerten Rotweinen zugesetzt – manchmal ohne Namensnennung in «Cape Red», manchmal in einem Verschnitt mit anderen Sorten wie Pinotage, Ruby Cabernet und sogar Zinfandel. Der Wein hat einen ziemlich süßen, einfachen Geschmack, billigere Versionen können ein wenig ansprechendes, eher gummiges Aroma entwickeln. ☆→☆☆

## CÔTES DU RHÔNE

Wie BEAUJOLAIS schwankt auch Côtes du Rhône von Erzeuger zu Erzeuger und von Jahr zu Jahr in der Qualität beträchtlich. Wein aus einem warmen Jahr wie 1995 oder von einem Spitzenproduzenten wie Guigal kann überaus reich und alkoholisch schmecken; schlechte Jahrgänge oder Weine einer weniger qualitätsbewußten Genossenschaft können ziemlich schmächtig sein. (Côtes du Rhône besteht zur Hauptsache aus Grenache, die recht dünn schmeckt, wenn sie zu wenig zurückgeschnitten wird.) Der Standard hat sich verbessert, immer mehr Weine sind weich und ansprechend und vermitteln die typische Wärme eines Rotweins aus Südfrankreich ohne dessen Gewicht. ☆→☆☆

## DÃO und junge portugiesische Rotweine

Früher war Rotwein aus Portugal unweigerlich schwer und schmeckte nach Eiche. Heute nicht mehr: Sogar Weine wie Dão werden in einem viel fruchtigeren Stil gekeltert. (Achten Sie auf den Jahrgang, um herauszufinden, um welchen Stil es sich handelt: Ist der Wein älter als zwei Jahre, ist er wahrscheinlich traditionell vinifiziert.) Die meisten dieser leichteren, fruchtigeren Rotweine (doch portugiesische Weine sind immer körperreicher als beispielsweise italienische) stammen aus den aufstrebenden Anbaugebieten des Zentrums und des Südens: Alentejo, Estremadura und Ribatejo. Ein Großteil kommt aus Genossenschaften, ein paar zeigen den Einfluß von Önologen aus Australien und Neuseeland. ☆→☆☆

## DOLCETTO

Diese Sorte wird im Piemont angebaut, ergibt aber mit seiner intensiven Brombeerenfrucht einen völlig anderen Stil von Wein als BARBERA (Dolcetto heißt «kleiner Süßer»). Für einen italienischen Wein hat er verhältnismäßig wenig Säure. ☆☆

## DÔLE

Der bekannteste Rotwein der Schweiz kommt aus dem französischsprachigen Teil des Wallis im schweizerischen Rhonetal und ist ein weicher, fruchtiger und eleganter Wein. Er wird aus PINOT NOIR (mindestens 51 %) und GAMAY verschnitten. ☆☆→☆☆☆

## DORNFELDER – ohne Faßausbau

Diese einheimische Sorte ergibt den besten deutschen Rotwein. Junge Weine ohne Faßausbau sind weich und haben ein leichtes Pflaumenaroma; sie sind besonders leicht zugängliche Rotweine für Einsteiger. Faßgereifte Weine haben mehr Körper und Substanz. ☆→☆☆

## GAMAY

Diese Sorte wird zwar geradezu mit BEAUJOLAIS gleichgesetzt, sie wächst aber auch in anderen Anbaugebieten Frankreichs, hauptsächlich in BURGUND und an der LOIRE. (**Gamay de Touraine** ist oft ein besserer Kauf als einfacher Beaujolais.)

Im Burgund und in der Schweiz wird Gamay oft mit PINOT NOIR verschnitten – sowohl roter Mâcon wie Bourgogne Passe-Tout-Grains sind Assemblagen. ☆→☆☆

## GRENACHE – Frankreich

Eine jener Sorten, aus der Weine ganz unterschiedlicher Stilrichtungen gekeltert werden können. Erlaubt man ihr hohe Erträge, ergibt sie leichte Weine mit Erdbeerfrucht wie CÔTES DU RHÔNE. Wird der Ertrag

### Speisen und Anlässe

*Leichte, fruchtige Rotweine sind ideal zu jeder Art von Sommerveranstaltungen wie Picknicks und Grillfesten. Das ganze Jahr hindurch sind sie gute Party-Weine und passen zu ungezwungenen Mahlzeiten, vor allem einfachen Abendessen (Pasta) und Pizza.*

beschränkt oder der Wein im Faß ausgebaut, kann ein wahrer Kraftprotz entstehen. Der beste Anhaltspunkt ist der Preis. Billiger Grenache wird leicht sein (obwohl auch er überraschend alkoholreich sein kann), Wein der mittleren oder gehobenen Preisklasse viel schwerer. ☆→☆☆

## LAMBRUSCO

Welten trennen den echten roten Lambrusco von dem süßen, faden Weißwein gleichen Namens. Er schäumt leicht und ist außerordentlich fruchtig, mit herben Beerenaromen.

Im Supermarkt werden eher die süßeren, kommerzielleren Versionen angeboten. Es lohnt sich aber, in kleinen italienischen Lebensmittelgeschäften nach Lambrusco im traditionellen Stil zu fragen. ☆

## LOIRE

Das Loiretal ist Europas nördlichstes Rotwein-Anbaugebiet, und deshalb haben seine Weine einen ganz ausgeprägten Charakter. Sie zeichnen sich durch große Reinheit der Frucht und das Fehlen von Süße aus und schmecken auch in guten Jahren relativ leicht. Die Weine aus CABERNET FRANC haben oft eine Kräuternote, eine Spur von grünem Pfeffer und einen eigentümlichen Schieferton, was sie etwas streng und adstringierend werden läßt. Doch ihre Leichtigkeit und Eleganz macht sie geradezu bezaubernd. (Leider hat die begeisterte Aufnahme, die sie unter Weinfreunden, zumal in Paris, gefunden haben, zu hohen Preisen geführt; doch im Unterschied zu anderen klassischen Weinen aus Frankreich sind sie selten eine Enttäuschung.)

Die drei bekanntesten Weine sind **Bourgueil**, **Chinon** und **Saumur-Champigny**; alle drei werden aus Cabernet Franc gekeltert. Chinon ist der weichste und fruchtigste, Bourgueil und Saumur-Champigny lassen sich länger lagern (Weine von Spitzenerzeugern bis zu zehn Jahre).

Der zweite bekannte Rotwein von der Loire ist Sancerre Rouge, weit weniger bekannt als sein weißer Bruder, ein delikater Wein mit seidiger Erdbeerfrucht aus PINOT NOIR. In der **Touraine** und in **St-Pourçain** wird auch aus GAMAY Rotwein erzeugt. Weniger bekannte Appellationen sind **Anjou-Villages** und **Anjou Rouge**, **Menetou-Salon** und **Saumur Rouge**. ☆☆→☆☆☆

## MERLOT – ohne Faßausbau

Normalerweise denkt man beim Namen Merlot an einen viel reicheren, volleren Wein, doch europäischer Merlot der tieferen Preisklasse kann recht leicht sein. Dies ist vor allem in Norditalien der Fall, wo leichte, fruchtige Alltagsweine wie Merlot del Veneto oft einen Alkoholgehalt von bloß 11,5 Volumenprozent aufweisen. Billige Merlots aus Ungarn und aus dem Languedoc (die unter dem Namen Vin de Pays d'Oc auf den Markt kommen), sind ein einfacher, fruchtiger Trinkgenuß. ☆→☆☆

## MONTEPULCIANO D'ABRUZZO

Ein weicher, fruchtiger Alltagswein aus Mittelitalien. Die billigsten Flaschen sind oft eher schwach und dünn, bei teureren darf man jedoch mit einem angenehm saftigen und geschmeidigen Wein rechnen. Im allgemeinen sind diese Weine eine verläßliche Wahl im Restaurant. ☆→☆☆

## PINOT NOIR – ohne Faßausbau

BURGUNDER ist und bleibt das Maß aller Dinge für Pinot-Noir-Produzenten. Die Weine ohne Faßreifung aus anderen Regionen werden zur Hauptsache im selben direkten, fruchtigen Stil gekeltert. Die größte Freude werden Burgunder-Liebhaber wohl an Pinot Noir aus Kalifornien und Oregon haben, wo man der einzigartigen Verbindung von weicher Himbeerfrucht und delikater Säure so nahe kommt wie nirgendwo sonst. Chilenischer Pinot Noir ist noch etwas weicher.

Leichteren Pinot Noir findet man in der Schweiz, in Österreich und Deutschland (wo er Blau- oder Spätburgunder heißt), doch hier neigen die Erzeuger dazu, seinen hohen Preis dadurch zu rechtfertigen, daß sie ihn in einem volleren Stil vinifizieren. ☆☆→☆☆☆

## PROVENCE UND RHONE

Der Rhone entlang und überall in Südfrankreich gibt es einen ganzen Strauß von Appellationen, die Weine eines ähnlich leichten, fruchtigen Stils produzieren: **Coteaux d'Aix en Provence**, **Côtes du Lubéron**, **Coteaux du Tricastin** und **Côtes du Ventoux** liegen in der Provence und an der Rhone, die aufstrebende Appellation **Côtes du Roussillon** grenzt an Spanien. ☆☆→☆☆☆

## SANGIOVESE

Die Hauptsorte des **Chianti** (vgl. S. 69) ergibt im allgemeinen mittelschwere oder schwere Weine; doch wo sie unverschnitten vinifiziert wird, z. B. als **Sangiovese di Romagna** oder **Sangiovese di Toscana**, resultieren aus ihr wohl einfache, aber angenehm zu trinkende Alltagsweine. ☆→☆☆

## SARDINIEN UND SIZILIEN

Die beiden Inseln liefern größtenteils einfache Weine zu günstigen Preisen. In Sardinien wächst eine eigene Sorte, **Monica di Sardegna**, die leichten, fruchtigen Rotwein ergibt. Siziliens enorme Produktion verbessert sich, zum Teil dank Beratung durch Gast-Önologen, «Flying Winemakers». Angesichts des heißen Klimas werden die Weine mit steigender Qualität auch konzentrierter und voller. ☆→☆☆

## SPANNA

Ein anderer Name für die Sorte Nebbiolo im Nordosten des Piemont. Die Weine ähneln mit ihrem robusten Stil und der Brombeerenfrucht dem DOLCETTO. ☆→☆☆

## TARRANGO

Die in den sechziger Jahren in Australien gezüchtete Sorte ergibt lebhaft fruchtige, weiche, leicht süße Weine, die im Stil stark an BEAUJOLAIS erinnern. Fast die gesamte Produktion entfällt auf Brown Brothers in Victoria. ☆☆

## TEMPRANILLO – jung, ohne Faßausbau

**Tempranillo Joven** aus **Rioja** und **Navarra** ist weit entfernt von den leicht süßen Weinen mit Pflaumennote, die nach monatelanger Faßreifung entstehen, doch er kann recht mächtig und robust sein und gehört nur wegen seiner lebhaften Frucht in dieses Kapitel. In **La Mancha** und **Valdepeñas** ist die Sorte unter dem Namen Cencibel bekannt. ☆→☆☆

## TEROLDEGO ROTALIANO

Ein weicher Rotwein aus der Region Trentino in Nordostitalien, der eher an einen schweizerischen oder österreichischen Rotwein mit intensiver Frucht und wenig Säure erinnert. ☆

## VALPOLICELLA

Rücksichtslose Kommerzialisierung im großen Stil hat vergessen lassen, daß Valpolicella ein köstlicher Wein sein kann: voll und reichhaltig, mit einer deutlichen Kirschennote. Zumindest theoretisch sollten Weine mit der Bezeichnung «Classico» besser sein. «Superiore» muß einen Alkoholgehalt von mindestens 12 % aufweisen. Halten Sie nach Weinen von Einzelerzeugern wie Bertani, Masi und Tedeschi Ausschau. ☆→☆☆

## VIN DE PAYS

Diese Bezeichnung auf dem Etikett muß nicht unbedingt bedeuten, daß der betreffende Wein leicht und fruchtig ist, doch weil die meisten dieser Weine relativ preisgünstig sind, besteht eine gute Chance, daß sie es tatsächlich sind. Die größte Ausnahme bilden die **Vins de Pays d'Oc**. Sie sind meist sortenrein und haben den körperreichen Stil der Neuen Welt. ☆→☆☆

## VINI DA TAVOLA

Die meisten preisgünstigen italienischen Rotweine mit der Bezeichnung «Vino da Tavola» sind leicht und fruchtig und stammen aus dem Norden des Landes, vor allem aus dem Veneto. Es gibt auch sehr gehaltvolle, teure Weine dieses Namens (vgl. S. 81). ☆→☆☆

### Lagerung und Servieren

*Es lohnt sich nicht, Weine dieses Stils lange zu lagern, teurere Burgunder und Loire-Weine ausgenommen. Servieren Sie diese Weine ruhig leicht gekühlt, vor allem im Sommer.*

# WEICHE, MITTELSCHWERE ROTWEINE

«Weich» mag eine seltsame Bezeichnung für einen Wein scheinen. Doch zu den Sinneseindrücken beim Weintrinken gehört neben dem Geschmack ebensosehr, wie der Wein sich im Mund anfühlt. Manche bevorzugen einen Wein, der weder zu säurelastig und spitz ist (wie dies leichtere Weine sein können) noch zu stark und alkoholreich. Dies macht die hier beschriebene Stilrichtung so erfolgreich.

Sie umfaßt die bekanntesten Rotweine der Welt, von den großen französischen Klassikern aus Bordeaux und Burgund bis zu den überaus fruchtigen Gewächsen aus Chile und Australien. Die Trennlinie verläuft zwischen Weinen, die in einem eher traditionell europäischen Stil gekeltert werden, und solchen mit dem offener fruchtigen Charakter der Neuen Welt.

Cabernet Sauvignon z. B. ergibt im Bordelais ausgesprochen trockenen Wein, zwar fruchtig, aber nicht so voll und sicher nicht so süß wie Cabernet aus Chile oder Südafrika. Das liegt hauptsächlich am Klima, aber auch an den Techniken, mit denen die Kellermeister der Neuen Welt die Frucht ihrer Weine betonen.

Wie Ihnen diese verschiedenen Stile gefallen, hängt stark davon ab, wie lange Sie schon Wein trinken und wo ihr Ausgangspunkt liegt. Trinken Sie seit zwanzig Jahren Bordeaux, kann es gut sein, daß Sie einen chilenischen Cabernet Sauvignon zu süß finden. Haben Sie aber erst vor kurzem angefangen, Rotwein zu trinken, gefällt Ihnen der Chilene möglicherweise viel besser, und den klassischen Bordeaux finden Sie zu streng. Bordeaux gefällt weniger auf Anhieb als die Weine der Neuen Welt, ist aber ein großartiger Begleiter zum Essen.

### Abenteuerliches Europa

Das Schwierige an den traditionellen Anbaugebieten ist es, Weine zu finden, die ihr Geld auch wert sind. Bei einem preisgünstigen australischen Wein können Sie beinahe sicher sein, daß eine Flasche genau so schmecken wird wie die andere; bei Bordeaux und Burgunder ist dies keineswegs so. In Europa kann das Wetter zu starken Qualitätsschwankungen von einem Jahrgang zum nächsten führen, die bekanntesten Weine sind oft überbezahlt: Das macht es schwierig vorauszusagen, was man erhält. Am besten folgen Sie dem Rat eines Fachhändlers oder Sommeliers. Wo dies nicht möglich ist, halten Sie sich an die Leitlinien auf den nächsten Seiten.

Ab hier verschwimmen die Unterschiede zwischen der Alten und der Neuen Welt. Burgund hält zwar unbeirrt an seiner Tradition fest, doch Bordeaux, Chianti und Rioja reagieren auf die zunehmende Nachfrage nach leichter zugänglichen Weinen. In der Toskana wird Sangiovese mit etwas Cabernet verschnitten, in Spanien gibt man die riesigen alten Eichenfässer zugunsten neuer Barriques auf. Dies gibt zwar einerseits zur Kritik Anlaß, allmählich würden sämtliche Weine gleich zu schmecken beginnen. Anderseits ist es doch eine gute Nachricht für all jene Weinfreunde, die über die Sortenweine der Neuen Welt hinaus etwas anderes kennenlernen möchten, für den ausgeprägten Geschmack gut gereifter Rotweine aber noch nicht bereit sind.

Auch in diesem Kapitel hängt die Qualität stark davon ab, was Sie bereit sind zu bezahlen. In der billigeren Abteilung (Osteuropa, Languedoc und günstigere Weine aus Chile, Australien und Südafrika) ist der beste Kauf ein trinkreifer, reinsortiger Wein wie Cabernet und Merlot mit einfachen Fruchtaromen. Wenn Sie bereit sind, für die Weine von Bordeaux und Burgund mehr zu bezahlen, dürfen Sie komplexere Weine erwarten, die sich lange lagern lassen. Aber wählen Sie keinen faßgereiften Wein, wenn Sie keine schweren, körperreichen Gewächse mögen.

Dies ist nicht der Rotweinstil, wo Sie auf ungewöhnliche Aromen stoßen werden. Wenn Sie doch auf Entdeckungen aus sind, sollten Sie in den weniger bekannten Appellationen großer Gebiete wie Bordeaux, Burgund und Rhonetal, bei Beaujolais Cru, unbekannten spanischen und italienischen Rotweinen Ausschau halten, in der Neuen Welt bei weniger verbreiteten Sorten wie Malbec und Mataró.

## Zum Etikett

Der Alkoholgehalt ist der beste Hinweis darauf, ob ein Wein mittelschwer oder schwer ist. Wählen Sie Weine mit 12 bis 13 Volumenprozent. Jüngere Jahrgänge sind in der Regel leichter. Achten Sie auf Bezeichnungen wie «Réserve»; sie deuten auf einen körperreicheren Wein hin.

**Ausgangspunkte**

| **Weich und trocken** | **Süßer und fruchtig** |
|---|---|
| Bordeaux | Australische Shiraz-Verschnitte |
| Chianti Classico | Südafrikanischer Cabernet |
| Rioja Crianza | Chilenischer Merlot |

**Oben** *Im Médoc nördlich von Bordeaux entstehen einige der gesuchtesten Rotweine der Welt – trocken und würzig, mit einer feinen Frucht von schwarzen Johannisbeeren.*

**Linke Seite** *Südafrikanischer Cabernet Sauvignon hat im allgemeinen einen leichteren, schlankeren Charakter als viele andere Cabernets aus der Neuen Welt.*

## BEAUJOLAIS – Cru

Der meiste Beaujolais ist zwar leicht und fruchtig, doch die Weine von zehn Gemeinden, die «Crus» (Gewächse), sind generell schwerer: **Brouilly**, **Côte de Brouilly**, **Chénas**, **Chiroubles**, **Fleurie**, **Juliénas**, **Morgon**, **Moulin-à-Vent**, **Régnié** und **St-Amour**. Sie sind von Erzeuger zu Erzeuger verschieden, Chiroubles, Fleurie und St-Amour sind im allgemeinen leichter, Morgon und Moulin-à-Vent intensiver. ☆☆→☆☆☆

## BERGERAC und andere Weine im Bordeaux-Stil

In den Gebieten um die Appellation Bordeaux herum werden aus denselben Sorten sehr ähnliche Weine gekeltert. **Bergerac**, **Côtes de Duras**, **Côtes du Frontonnais** und **Côtes du Marmandais** sind einfachem Bordeaux ebenbürtig. Der CABERNET-lastige **Buzet** ist körperreicher. Auch im Languedoc wird Wein diese Stils erzeugt, vor allem in **Cabardès** und **Côtes de la Malepère**. ☆→☆☆

## BORDEAUX

Das Gebiet von Bordeaux ist riesig. Es produziert allein mehr Wein als ganz Australien und fünfmal mehr als BURGUND. Wir denken beim Namen wohl zunächst an die berühmtesten Châteaux, doch die große Mehrzahl aller abgefüllten Flaschen sind einfacher Bordeaux.

Die klassischen Sorten sind CABERNET SAUVIGNON und MERLOT, dazu je nachdem etwas Cabernet Franc, MALBEC und Petit Verdot. Die beiden Hauptsorten sind ideale Partner, die weichere Merlot gleicht die strengere, gerbstoffreichere Cabernet aus. Dank zunehmender Nachfrage nach milden, fruchtigen Weinen dominiert Merlot mehr und mehr.

Auch in der Vinifikation hat sich manches geändert. Bei vielen Weinen dauerte die Mazeration früher tagelang, danach wurden sie während Monaten in alten Fässern gelagert. Auch junge Weine waren oft undurchdringlich hart und gerbstoffreich. Heute betont man die natürliche Frucht stärker und unterstützt sie mit neuer Eiche, so daß sogar die größten Weine rascher trinkbar werden.

Dennoch ist ein Bordeaux im Vergleich zum viel süßeren Geschmack eines Cabernet oder Merlot der Neuen Welt trocken und würzig und schmeckt trotz leichtem Aroma voll, vor allem wenn er einen hohen Cabernet-Anteil hat.

Jedes Etikett gibt die genaue Herkunft des Weins an: Je detaillierter die Bezeichnung, desto komplexer dürfte der Wein sein. ☆→☆☆☆

## BORDEAUX AC

Einfacher Wein der Appellation Bordeaux kann aus der gesamten Region stammen und verschnitten werden. Er ist meistens jung, fruchtig und nicht teuer. **Bordeaux Supérieur** hat einen etwas höheren Alkoholgehalt. ☆→☆☆

## BURGUNDER

Burgunder ist zum Verzweifeln: So viele verschiedene Namen, so viele verschiedene Erzeuger! Die Weine zeichnen sich durch Süße und Milde aus, die über den oft hohen Alkoholgehalt hinwegtäuschen. Keine Frage, dies ist PINOT NOIR in seiner schönsten Form: Reinheit in Aroma und Geschmack, sinnlich-seidene Textur, manchmal überaus reiche, würzige Frucht.

Der beste Anhaltspunkt ist die offizielle Klassifizierung. Zwei Kategorien gehören in dieses Kapitel hier: die Weine, die nach den Gemeinden benannt werden, wo sie wachsen (Appellation Communale), und die Premiers Crus, die zusätzlich auch den Namen des Weinbergs tragen, z. B. Savigny-lès Beaune-Les Serpentières. Premiers Crus haben im allgemeinen einen kräftigeren Körper und lassen sich länger lagern.

Zu den leichteren Weinen von anständiger Qualität gehören die Gewächse mit der Bezeichnung «Côtes» oder «Villages» im Namen wie **Bourgogne CÔTE CHALONNAISE**, **Hautes-Côtes de Nuits**, **CÔTE DE NUITS-Villages**, **Hautes-Côtes de Beaune** und **CÔTE DE BEAUNE-Villages**.

Weine mit Appellation Communale, z. B. berühmte Namen wie Gevrey-Chambertin an der CÔTE DE NUITS, stehen eine Stufe höher und beeindrucken mit ihrem Ruf. Oft wächst jedoch in den Rebbergen einer weniger berühmten, angrenzenden Appellation ein Wein mit größerem Gegenwert. Die höchste Stufe der Klassifizierung ist Grand Cru: Diese Weine kommen aus den besten Lagen und sind ebenso körperreich wie rar und teuer (vgl. S. 72–77 und 78–81).

Darüber hinaus spielt der Jahrgang eine entscheidende Rolle. In Burgund hat das Wetter einen großen Einfluß, die Trauben reifen nicht in jedem Jahr voll aus. Ein Burgunder eines Durchschnittsjahres wie 1994 wird im allgemeinen weniger Körper haben als ein guter Jahrgang wie 1995. ☆☆→☆☆☆

## CABERNET SAUVIGNON

In wärmeren Klimazonen als dem Bordelais und Südwestfrankreich neigt Cabernet Sauvignon zu mehr Fülle und Reife, aber es gibt auch ein paar weniger schwere Weine wie die preislich günstigeren Cabernets aus Italien, dem Languedoc und Südafrika – und aus Bulgarien, die allerdings oft untypisch süß und fruchtig sind. ☆→☆☆☆

## CHIANTI

Einer der berühmtesten Weine Italiens kommt aus der Toskana und wird zur Hauptsache aus der Sangiovese-Traube gekeltert. Seine Qualität kann enorm schwanken, doch die meisten verbinden reiche Pflaumenfrucht mit einem für italienischen Wein typischen hohen Säuregehalt. Wie die ganze Weinwelt befindet sich auch die Toskana im Wandel, und Chianti wird zunehmend in einem fruchtigeren Stil vinifiziert. Anstatt mit den traditionellen weißen Sorten wird der Wein oft bis zu 10 % mit CABERNET SAUVIGNON, MERLOT oder SYRAH verschnitten und heißt dann «Vino da Tavola». Chianti besserer Qualität wächst in sieben Unterbereichen, wie z. B. **Rufina**, der bekannteste. **Chianti Classico Gallo Nero** kommt aus der Gegend zwischen Florenz und Siena. ☆→☆☆☆

## CÔTE DE BEAUNE

Der südlichste Teil der Côte d'Or in Burgund ist zwar bekannter für seine Weißweine, bringt aber auch bedeutende Rotweine hervor wie **Aloxe-Corton**, **Pommard** und **Volnay**, die im allgemeinen etwas leichter und geschmeidiger sind als jene der CÔTE DE NUITS. **Auxey-Duresses**, **Monthélie**, **Pernand-Vergelesses**, **Santenay**, **Savigny-lès-Beaune** und **St-Aubin** sind ein guter Gegenwert fürs Geld. ☆☆

## CÔTE CHALONNAISE

Das Gebiet gehört zu Burgund, es schließt im Süden an die CÔTE DE BEAUNE an und bietet für die Region recht günstige Weine. Wählen Sie vor allem in Restaurants einen **Givry**, **Mercurey** oder **Rully**. ☆☆

## CÔTE DE NUITS

In diesem Teil der Côte d'Or werden die meisten Spitzenburgunder gekeltert. Einige, wie **Nuits-St-Georges** und **Gevrey-Chambertin**, sind körperreicher (oder sollten es zumindest sein) und gehören ins nächste Kapitel. Andere, wie **Chambolle-Musigny** und **Vosne-Romanée**, sind leichter und geschmeidiger. **Fixin** und **Marsannay** bieten mit den höchsten Gegenwert der Region. ☆☆→☆☆☆

## CÔTE DU RHÔNE-VILLAGES

Diese Weine sind voll und fruchtig und im allgemeinen viel gehaltvoller als einfacher Côtes du Rhône. Wenn auf dem Etikett zusätzlich der Name einer einzelnen Gemeinde wie **Cairanne** oder **Valréas** erscheint, dürfte der Wein noch besser sein. ☆☆

## CROZES-HERMITAGE und andere leichtere Rotweine von der Rhone

Weniger teure Rhone-Appellationen wie Crozes-Hermitages, **Gigondas**, **Lirac** und **Vacqueyras** liefern fruchtige Rotweine ohne

### Speisen und Anlässe

*Der Anlaß und die Zusammensetzung der Gäste sind wohl die beiden ausschlaggebenden Faktoren dafür, welchen Wein Sie wählen. Traditionellere Gewächse wie Bordeaux, Burgunder und Rioja eignen sich für formellere Anlässe und ältere Gäste, moderne Sortenweine wie Cabernet oder Merlot für weniger förmliche Parties und jüngere Altersgruppen. Dieselbe Unterscheidung gilt auch für die Kombination mit Essen: Europäische Weine passen zur klassischen französischen und zur traditionellen italienischen Küche, die würzigeren Weine der Neuen Welt zu ungewohnteren Geschmacksrichtungen.*

die Fülle eines **Cornas** oder **Châteauneuf-du-Pape**. Es lohnt sich, nach der Appellation **Costières de Nîmes** Ausschau zu halten, die zwar zum Languedoc gehört, aber kräftige Rotweine mit Brombeerenfrucht erzeugt, die den Rhoneweinen ähneln. ☆☆

## CRUS BOURGEOIS

Die offizielle Klassierung jener Châteaux unterhalb der **Crus Classés** (klassifizierten Gewächse, vgl. S. 80) bietet in der Regel mehr fürs Geld. Gute Beispiele sind die Châteaux d'Angludet, Chasse-Spleen, Haut-Marbuzet, Meyney, Montbrison, de Pez, Phélan-Ségur, Potensac und Poujeaux. Andere interessante Bordeaux sind die sogenannten **Petits Châteaux** – Weine, die in der offiziellen Klassifizierung fehlen, aber einen soliden, verläßlichen Gegenwert bieten. ☆☆→☆☆☆

## FRONSAC

Eine Bordeaux-Appellation, die (zusammen mit der benachbarten **Canon-Fronsac**) ein sehr gutes Preis-Leistungs-Verhältnis bietet. Der westliche Nachbar von Pomerol und St-Emilion bringt Weine von ähnlich milder fruchtiger Art hervor. Weitere unterschätzte Appellationen am rechten Ufer der Garonne sind **Côtes de Castillon**, **Côtes de Francs** und **Côtes de Bourg**. ☆☆

## HAUT-MÉDOC

Vier Gemeinden haben das Gebiet berühmt gemacht: **Margaux**, **St-Julien**, **Pauillac** und **St-Estèphe**, hier liegt der Großteil der besten Châteaux von Bordeaux (CRUS CLASSÉS). Weniger bekannt sind die Gemeinden **Moulis** und **Listrac**, oft Quellen hervorragender Weine zu mäßigerem Preis. ☆☆→☆☆☆

## MÉDOC UND GRAVES

Die BORDEAUX-Appellation Médoc ist der nördliche Nachbar des Haut-Médoc, die Appellation Graves der südliche. In beiden wächst ein etwas leichterer, fruchtigerer Bordeaux. Heute überwiegt MERLOT in der Assemblage gegenüber dem traditionellen CABERNET SAUVIGNON. ☆☆→☆☆☆

## MALBEC – Argentinien und Chile

Besonders erfolgreich ist die Sorte in der Region von Mendoza in Argentinien, wo sie milde, fleischige Rotweine mit reifer, weicher Pflaumenfrucht ergibt. Ähnliche Weine wachsen auch in Chile. Elegantere Weine entstehen im Verschnitt mit CABERNET SAUVIGNON und MERLOT. ☆

## MERLOT

Merlot besitzt eine Süße und Reichhaltigkeit, die auch die konzentriertesten und teuersten faßgereiften Weine zu einer weichen Gaumenfreude macht. Die elegantesten kommen zweifellos aus BORDEAUX, aber ernstzunehmende Weine wachsen auch in Chile, Südafrika und hauptsächlich Kalifornien, wo die «Merlotmanie» epidemische Ausmaße erreicht hat. Im großen und ganzen sind die weniger teuren Flaschen milder und süßer als Weine mit langem Faßausbau. Versuchen Sie preisgünstige Merlotweine aus dem Languedoc, Südafrika oder Bulgarien, wenn Sie einen leichteren Stil vorziehen (aber achten Sie bei Bulgarien darauf, daß es ein jüngerer Jahrgang ist). Chile produziert den üppigsten, fruchtigsten Merlot, Kalifornien den konzentriertesten. ☆→☆☆

## MOURVÈDRE, MATARÓ

Die Sorte ist aromatisch, ja leicht parfümiert, was in so körperreichen Weinen wie Bandol (oder in Spanien, wo sie Monastrell heißt) nicht auf Anhieb erkennbar ist, in vielen südfranzösischen Weinen wie **Faugères** aber eine entscheidende Rolle spielt. In Australien heißt die Sorte Mataró und ergibt vor allem einfache Rotweine. ☆☆→☆☆☆

## NAVARRA und moderne spanische Rotweine

Wie alle anderen weinproduzierenden Länder kommt auch Spanien der weltweiten Nachfrage nach leicht trinkbaren Rotweinen nach, vor allem in den fortschrittlichsten Gebieten Navarra, **Costers del Segre**, **Penedés**, **Somontano** und **Terra Alta**, wo ungewohnte Sorten wie CABERNET SAUVIGNON, und MERLOT angebaut werden. Einen Versuch wert sind auch die neuen **Vinos de la Tierra** (das Pendant zum französischen *Vin de Pays*). ☆→☆☆

## PINOT NOIR – Neue Welt, faßgereift

Die Großzahl der Pinots Noirs aus der Neuen Welt gehört hierher, auch wenn sie sich auf dem Etikett «Reserve» nennt: die meisten Pinots aus Kalifornien und Oregon, von Neuseeland und Neueinsteigern wie

Kanada und dem Staat New York. Australischer Pinot Noir kann viel schwerer und konzentrierter sein, einzelne Produzenten wie Coldstream Hills und Mountadam streben aber eher einen BURGUNDER-Stil an. ☆☆→☆☆☆

## RIOJA modernen Stils

Rioja wird zwar generell mit einem reiferen Wein gleichgesetzt (vgl. S. 78–81), aber mehr und mehr Produzenten ignorieren die traditionelle Klassifizierung von Reserva und Gran Reserva, die für einen Wein mehrere Jahre Faßausbau verlangt, und keltern ihre Weine in einem jugendlicheren, fruchtigen Stil. Achten Sie neben dem Jahrgang auf Begriffe wie **Joven** (jung) oder **Tempranillo** (die Hauptsorte in Rioja), die auf dem Etikett eines traditionellen Weins nichts zu suchen haben. Die Bezeichnung **Crianza** sagt aus, daß der Wein zwölf Monate Faßausbau hinter sich hat (in zunehmendem Maße eher in neuen Barriques als alten Fässern), und deutet auf einen eichenbetonteren, körperreicheren Stil hin. ☆☆

## ROSSO DI MONTALCINO und andere italienische Rotweine

Zwei gute Alternativen zu teureren Rotweinen aus der Toskana sind Rosso di Montalcino und **Rosso di Montepulciano** – die jeweiligen weniger großartigen Versionen von **Brunello di Montalcino** und **Vino Nobile di Montepulciano**. **Rosso Cònero** und **Rosso Piceno** aus den Marken bei Ancona sind ihr Geld wert, und einige qualitativ bessere der im letzten Kapitel aufgeführten norditalienischen Rotweine, etwa **Barbera** oder **Valpolicella**, können auch recht kräftig daherkommen. ☆☆

## RUBY CABERNET

Die Kreuzung zwischen CABERNET SAUVIGNON und Carignan ergibt einfach gestrickte, überaus fruchtige Rotweine. Sie dient für billigere Weine oft als Verschnittpartner, besonders in Kalifornien, Südafrika und, in geringerem Ausmaß, Australien. ☆

## ST-ÉMILION UND POMEROL

Diese beiden Bordeaux-Appellationen ergeben einige der üppigsten und geschmeidigsten Weine der ganzen Region, ja der Welt wie **Pétrus** und **Le Pin**. Schon einfachste St-Emilions werden als Grands Crus bezeichnet, die besseren als Grands Crus Classés, die besten als Premiers Grands Crus Classés, die allerbesten tragen den Zusatz A. ☆☆→☆☆☆

## SHIRAZ-VERSCHNITTE – Australien

Shiraz ergibt sortenrein gekeltert einen körperreichen Wein, wird aber oft mit leichteren Sorten wie CABERNET SAUVIGNON, Grenache und RUBY CABERNET zu zugänglicheren Rotweinen verschnitten. ☆

## SYRAH – FRANKREICH

Die Hauptsorte in vielen kräftigen südfranzösischen Rotweinen, vor allem von der Rhone, wird sortenrein, z. B. als **Vin de Pays d'Oc**, in einem leichteren Stil vinifiziert. Aber sie behält in ihrem lebhaften Aroma die charakteristische Mischung roter Beeren und pfeffriger Würze. ☆

## Lagerung und Servieren

*Die weniger teuren Weine dieser Stilrichtung sollten verhältnismäßig rasch getrunken werden, in der Regel innerhalb eines Jahres. Teurere Gewächse halten zwar eine beträchtliche Weile länger, doch wenn Sie vermeiden wollen, daß sie wie ein reifer Wein schmecken, sollten Sie sie innerhalb von ein, zwei Jahren trinken. Kräftigere, teurere Weine danken es Ihnen, wenn sie eine Stunde vor dem Servieren geöffnet werden, billigere Weine können Sie sofort einschenken.*

# GEHALTVOLLE, KÖRPERREICHE ROTWEINE

Nicht viele Einsteiger fangen mit schweren Rotweinen an, aber es gibt nur wenige Weinfreunde, die sie nicht schließlich lieben. Diese Weine sind so weinig, wie Wein nur sein kann: intensiv, konzentriert und beglückend.

Kein Anbaugebiet der Welt hat das Monopol auf diese Stilrichtung, doch ist sie in einem warmen Klima, wo die Trauben zuverlässiger ausreifen, einfacher zu keltern als in einem kühlen. Gewisse Sorten sind für körperreiche Weine geeigneter. Cabernet Sauvignon z. B. ergibt mit ihren kleinen, dickschaligen Beeren tiefdunkle Weine mit hohem Gerbstoffgehalt. Das gilt auch für Nebbiolo, die tanninreiche Sorte, aus der die großen italienischen Weine Barolo und Barbaresco gewonnen werden, und für viele portugiesische Sorten wie Touriga Nacional, Touriga Francesca und Tinta Barocca.

Ebenso wichtig wie die genannten Faktoren ist jedoch auch, wie der Wein gemacht wird. Syrah z. B. ergibt einen viel leichteren Wein, wenn die Reben nicht zurückgeschnitten werden; kräftige, würzige Weine entstehen nur, wenn die Erträge niedrig gehalten werden.

## Reife, konzentrierte Weine

Um Weine mit einem tiefen Geschmack zu erhalten, muß man Reben in schwierigen Lagen anbauen, auf magerem, trockenem Boden, die besten Trauben auswählen und im Augenblick der optimalen Reife lesen. Ältere, weniger ertragreiche Reben ergeben zudem bessere Trauben als junge.

Die Weine erfordern auch im Keller sorgfältigste Behandlung: Der Most muß möglichst lange auf der Maische bleiben, die Gärtemperatur liegt über dem Durchschnitt, um ein Maximum an Farbe und Geschmack herauszulösen. Dann wird der Wein in gutem Eichenholz ausgebaut, damit er mehr Struktur erhält und besonders lange lebt.

Die drei großen Jagdgründe für diese Weine sind das Rhonetal, Nordwestitalien und Australien. Die reichen, gehaltvollen australischen Weine aus Cabernet, Grenache und Shiraz haben eine üppige Süße, die ihrer Intensität die Waage hält. Es ist manchmal kaum zu glauben, daß Syrah von der Rhone dieselbe Sorte sein soll. Sie ist zwar gehaltvoll und würzig, doch ihre Frucht steht viel weniger im Vordergrund, und die Weine haben oft eine leichte Wildnote. Spitzenweine wie Hermitage, Cornas und Côte Rôtie gehören zu den besten der Welt.

An Barolo und Barbaresco, die großen Weine des Piemont, muß man sich erst gewöhnen. Dicht, dunkel und gerbstoffreich wie sie sind, kann es Jahre dauern, bis sie sich öffnen. Spitzenweine aus der Toskana, sogenannte «Supertoskaner», sind einfacher zugänglich, aber ebenso teuer wie Spitzenweine aus Bordeaux oder Burgund.

Weine für den Alltag findet man in den traditionellen Appellationen des Languedoc, z. B. Corbières, Fitou, Minervois und St-Chinian, wo Syrah mit den anderen klassischen südfranzösischen Sorten Grenache, Mourvèdre und Carignan verschnitten wird. Moderne spanische Rotweine wie Jumilla und Navarra sind ebenfalls vernünftig im Preis. Aber für mich ist Portugal das interessanteste Land für diesen Weinstil; wäre es nicht ein Sklave seiner alten Weinfässer, könnte es regelmäßig großartige Weine hervorbringen.

In der Neuen Welt ist Cabernet Sauvignon die verläßlichste Sorte für diesen Weinstil, insbesondere in Kalifornien, wo man sie sehr ernst nimmt. Der Staat Washington ist ein Newcomer, den man im Auge behalten sollte und der längerfristig vielleicht Besseres zu liefern vermag als Chile. Allein seine Sorten Bonarda, Malbec und Syrah ergeben einige der kräftigsten, mächtigsten Weine der Neuen Welt.

Schließlich die günstigsten Vertreter dieses Stils: Weine, die ohne sorgfältige Selektion oder ausgeklügelte Kellertechnik produziert wurden, aber einen reellen Gegenwert darstellen. Für eine Grillparty könnten Sie eine viel schlimmere Wahl treffen als einen rumänischen Pinot Noir oder einen fleischigen marokkanischen Rotwein, auch wenn sie weder fein noch elegant sind.

## Zum Etikett

Ein hoher Alkoholgehalt von 13 Volumenprozent oder mehr ist das Hauptkriterium dieser Stilrichtung. Achten Sie auf Bezeichnungen wie «Réserve», die darauf schließen lassen, daß der Wein während längerer Zeit im Faß gereift ist, «Vieilles Vignes» (alte Reben) und «non filtré» (ungefiltert, vgl. S. 26–31).

**Ausgangspunkte**

| Europa | Neue Welt |
|---|---|
| Fitou | Australischer Shiraz |
| Gigondas | Australischer und kalifornischer Cabernet |
| Châteauneuf-du-Pape | Südafrikanischer Pinotage |
| Barolo | Zinfandel |

**Oben** *Châteauneuf-du-Pape ist die berühmteste Appellation der südlichen Rhone und erzeugt kräftigen, würzigen und gleichzeitig fruchtigen Rotwein.*

**Linke Seite** *Piemont im Nordwesten Italiens ist die Heimat der gerbstoffreichen Nebbiolo-Traube. Die berühmtesten Weine, die daraus gekeltert werden, sind Barolo und Barbaresco.*

## BANDOL

Kleine, modische Appellation in der Provence, deren reiche Rotweine mit leichtem Wildgeschmack aus der launenhaften Mourvèdre-Traube stramme Preise erzielen. Die Weine werden für mindestens 18 Monate im Faß ausgebaut und halten im Minimum zehn Jahre. ☆☆☆

## BARBARESCO

Der weniger bekannte kleine Bruder des BAROLO stammt aus derselben Region (Piemont) und wird aus derselben Sorte gekeltert (Nebbiolo), ist aber eher leichter und zugänglicher. Weltweite Beachtung fand die Region dank ihrem berühmtesten Produzenten Angelo Gaja. ☆☆☆

## BAROLO

Trotz Modernisierungsbestrebungen ist der Wein dieses berühmten italienischen Anbaugebietes einer der am traditionellsten bereiteten Gewächse: dunkel und dicht, mit Pflaumennote und einem unzeitgemäß hohen Tanningehalt. Er wird im Piemont aus der Nebbiolo-Traube gekeltert und drei bis fünf Jahre im Faß ausgebaut; es kann bis zu zehn Jahre dauern, bis er seinen Höhepunkt erreicht: eine großartige, intensive Schokoladennote. Teurere Weine sind nach einzelnen Herkunftsgemeinden benannt: Barolo selbst, Castiglione Falletto, La Morra, Monforte und Serralunga. Spitzenweine tragen zusätzlich den Namen einzelner Lagen wie La Serra oder Cerequio. ☆☆→☆☆☆

## BONARDA

Die ursprünglich norditalienische Rebsorte hat heute in Argentinien einigen Erfolg, wo sie zu kräftigen, dichten Rotweinen mit Pflaumennote gekeltert wird. ☆

## BURGUNDER

Die meisten erschwinglichen Burgunder sind zwar viel leichter, doch die Spitzenweine, vor allem von der Côte de Nuits, können besonders reich und konzentriert sein. Diesen Stil finden Sie in den Appellationen **Chassagne-Montrachet**, **Gevrey-Chambertin** und **Nuits-St-Georges** (aber hüten Sie sich vor billigeren Versionen der letzten beiden, sie haben nicht dieselbe Intensität). Premiers Crus mittelschwerer Burgunder wie **Chambolle-Musigny**, **Morey-St-Denis**, **Volnay** und **Vosne-Romanée** sind ebenfalls recht körperreich. ☆☆☆

## CABERNET SAUVIGNON – Neue Welt

Diese Sorte wird weltweit angebaut und ergibt eine Unzahl von verschiedenen Stilen. Zwei Faktoren bestimmen, ob sie einen körperreichen Wein ergibt: ein warmes oder gar heißes Klima und der Einsatz von Eiche. Die meisten Cabernets aus der Neuen Welt der mittleren und gehobeneren Preisklasse, aus Ländern wie Australien, Kalifornien und Südafrika sind füllig, ebenso wie die Spitzen-Cabernets spanischer und italienischer Produzenten. Nur das deutlich kühlere Bordelais erzeugt einen trockeneren, weicheren Stil. Körperreiche Cabernets kommen aus:

**Südaustralien**: Cabernet wird in ganz Australien angebaut, aber nirgends erreicht die Sorte diese Konzentration und intensive Süße wie hier. Barossa Valley und McLaren Vale bringen gute Weine hervor, doch die Spitzenregion ist das Gebiet Coonawarra, dessen einzigartige «terra rossa» den Weinen eine ausgeprägte Minze- und Eukalyptusnote verleiht und sie mit zu den elegantesten, langlebigsten des ganzen Kontinents macht. ☆☆→☆☆☆

**Kalifornien**: Diese Weine sind den französischen Spitzengewächsen ähnlicher: teils wegen des kühleren Klimas, teils wegen der bewußten Entscheidung, die Vinifikationsmethoden von Bordeaux zu kopieren. Doch die intensive Cassisnote mancher Weine aus dem Napa Valley sucht man in Europa vergeblich. ☆☆→☆☆☆

Der **Staat Washington** ist ein echter Rivale Kaliforniens geworden und hat bewiesen, daß er erstaunlich reiche, üppige Cabernets hervorbringt – so oft die strengen Winter dies zulassen. ☆☆→☆☆☆

**Chile** hat sich mit milden, intensiv fruchtigen Cabernets hervorgetan, und alles deutet darauf hin, daß das Land in der Kelterung viel schwererer Weine ebenso erfolgreich sein wird – mit dem üppigen Cassisaroma, das die billigeren Weine auszeichnet. ☆→☆☆

**Neuseeland**: Hier hatten es die Cabernet-Winzer schwer, denn in dem kühlen Klima reifte die Sorte oft nur knapp aus und ergab schlanke Weine, in denen man die Traubenkämme schmecken konnte. Doch Verbesserungen in der Kellertechnik haben zu Weinen mit einem typischeren, weichen Cassischarakter geführt. ☆☆→☆☆☆

**Südafrika**: Weniger beständig als andere Anbauländer der Neuen Welt, doch in der Spitzenklasse gibt es Weine von beträchtlicher Eleganz, ab und zu mit einem Hauch von Gewürzen und Rauch. ☆→☆☆

## CAHORS

Der Ruf der fülligen, gerbstoffreichen Weine aus Cahors reicht bis ins 13. Jh. zurück. Sie werden aus der Sorte Malbec gewonnen, die hier Auxerrois heißt, und waren einst so dicht und dunkel, daß man sie «schwarze Weine» nannte und zur Verstärkung von einfachem Bordeaux benützte. Heute werden sie mehr mit Merlot verschnitten, viele Erzeuger keltern ihre Weine in einem leichteren, geschmeidigeren Stil. ☆☆

## CARIGNAN

Dieses verachtete Arbeitspferd unter den Rebsorten wird in ganz Südfrankreich angebaut und ist das Rückgrat vieler dunkler, dichter, traditioneller Rotweine, vor allem aus dem LANGUEDOC. Dank der konstanten Suche der Weinfachhändler nach neuen Angeboten für ihre Kundschaft erlebt die Sorte heute so etwas wie eine Renaissance und wird zunehmend unverschnitten auf Flaschen gezogen. Einige der besten kommen unter dem Namen **Carignano del Sulcis** aus Sardinien. ☆→☆☆

## CHÂTEAUNEUF-DU-PAPE

Die berühmteste Appellation der südlichen Rhone liefert einen reichen, würzigen Rotwein auf der Basis von GRENACHE (es dürfen aber bis zu 13 verschiedene Sorten einschließlich einiger weißer assembliert werden). Billigere Versionen scheinen oft ziemliche Leichtgewichte, doch der Schein trügt: Der Alkoholgehalt ist immer hoch.

Weine besserer Qualität (die fast immer von Einzelgütern kommen und die päpstlichen Insignien als Relief auf der Glasflasche tragen) brauchen mehrere Jahre Lagerung. ☆☆→☆☆☆

## COLLIOURE

Die winzige französische Appellation direkt an der spanischen Grenze bringt volle, würzige Rotweine auf der Basis von GRENACHE und Mourvèdre hervor, die zu den besten im Roussillon gehören. ☆☆

## CORNAS

Die kleine Appellation der nördlichen Rhone erzeugt geschmacksdichte, langlebige Weine aus 100 % Syrah, die mit den HERMITAGES vom gegenüberliegenden Ufer durchaus mithalten können – und gelegentlich der bessere Kauf sind. ☆☆☆

## CÔTE RÔTIE

Ganz ohne Zweifel bringt diese teuerste und gefeiertste Rhône-Appellation Rotweine hervor, die mit ihrer Verbindung von reicher Konzentration und außerordentlicher Geschmeidigkeit zu den sinnlichsten der Welt gehören. Sie werden vorwiegend aus Syrah gekeltert, doch ist ein kleiner Zusatz der aromatischen weißen Sorte Viognier erlaubt, die das verführerische Bouquet mitprägt. Die Weine sind rar, die Nachfrage gewaltig – das hat zu furchteinflößenden Preisen geführt. ☆☆☆

### Speisen und Anlässe

*Diese Weine eignen sich ganz offensichtlich nicht als leichte Sommergetränke, obwohl billigere Flaschen zu einem Stück Fleisch vom Grill (Barbecue) hervorragend schmecken können. Klassische europäische Weine, beispielsweise aus dem Piemont oder von der Rhone, passen gut zu kräftigen französischen oder italienischen Fleischgerichten (Braten), besonders Wild oder Rind. Cabernet aus der Neuen Welt und australischer Shiraz werden auch mit würzigeren Aromen fertig. Alle sind ideal zu wärmenden Mahlzeiten bei kaltem Wetter; aber es ist vielleicht klüger, sie für wahre Rotwein-Enthusiasten aufzusparen, als damit Gäste zu überraschen, deren Weingeschmack Sie nicht gut kennen.*

## DÃO

Der bekannte portugiesische Rotwein stand im Ruf, besonders gerbstoffreich und eichenlastig zu sein und wenig von der Qualität der einheimischen Sorte Touriga Nacional zu enthüllen. Doch heute hat ein Modernisierungsprozeß eingesetzt, Produzenten wie Sogrape erzeugen Weine in einem viel fruchtigeren, geschmeidigeren Stil. ☆→☆☆

## GRENACHE von alten Rebstöcken

Alte Grenache-Reben ergeben Weine von hoher Konzentration. Mit Verspätung haben dies die Australier erkannt: Einige ihrer ältesten Weinberge waren gerade neu bepflanzt worden … Der kalifornische Spitzenproduzent Randall Grahm ist ebenfalls ein Fan alter Grenache-Weinstöcke. ☆☆

## HERMITAGE

Er gehört zu den berühmtesten gehaltvollen Rotweinen der Welt und ist in Europa wie in der Neuen Welt das Vorbild für einen Syrah. Die Appellation bringt die dichtesten, konzentriertesten Weine der nördlichen Rhone hervor; bevor sie fünf Jahre in der Flasche reifen konnten, sind sie selten trinkbar, man lagert sie aber besser für zehn Jahre oder länger ein. ☆☆☆

## JUMILLA

Eine heiße, trockene Region in Südspanien, die aus der Sorte Monastrell (**Mourvèdre**) schwere, dunkle Rotweine keltert. Früher dienten sie als Verschnittweine, heute lassen moderne Kellertechniken ansprechend üppige, fruchtige Weine enstehen. ☆→☆☆

## LANGUEDOC – traditionell

Zwischen den Rotweinen des Languedoc besteht so etwas wie eine Familienähnlichkeit, obwohl das Gebiet, aus dem sie stammen, sich über eine riesige Fläche erstreckt. Die Unterschiede zwischen einzelnen Produzenten sind oft größer als zwischen den Appellationen. Die robustesten Weine sind jene mit einem höheren CARIGNAN-Anteil, die von mageren Schieferböden kommen: in erster Linie aus den Appellationen **Fitou** und **St-Chinian**. Produzenten, die mit einem höheren Anteil von GRENACHE, Syrah und Mourvèdre arbeiten, wie z. B. in den Appellationen Faugères und Minervois, keltern in der Regel leichtere, elegantere Weine. **Corbières** ist die größte Appellation und bringt eine große Vielfalt an Stilen hervor; viele Weine werden noch ziemlich lange in Eiche ausgebaut, weshalb sie zu den gehaltvolleren zählen. Doch das Languedoc ist im Umbruch: Vieles ist überhaupt nicht geregelt, und ausländische Önologen haben einen großen Einfluß. Viele der ehrgeizigeren und dynamischeren Erzeuger wählen für ihre Weine heute lieber die Bezeichnung **Coteaux du Languedoc** als eine der traditionellen Appellationen. Aufstrebende Gebiete sind **Montpeyroux**, **La Clape** und **Pic St-Loup**. ☆→☆☆

## MADIRAN

Dieser traditionell körperreiche Wein aus der tanninreichen Tannat-Traube wächst südlich von Armagnac, unweit der spanischen Grenze. In jüngster Zeit wurde der Tannat-Anteil zugunsten von CABERNET SAUVIGNON und Cabernet Franc reduziert, wodurch elegantere Weine entstanden sind. ☆☆

## MAROKKO

Rebbau ist ein Teil des französischen Vermächtnisses, doch eine eigentliche Industrie hat sich hier nie entwickelt. Aber es gibt ein paar gute, kräftige, preiswerte Rotweine, vor allem aus der Sorte Syrah. ☆

## NAVARRA

Diese spanische Weinregion gehört zu denen, die sich am schnellsten entwickeln. Die Rotweine, oft mit einem Anteil CABERNET SAUVIGNON, kommen in einem modernen, internationalen Stil daher. ☆☆

## PERIQUITA und andere portugiesische Rotweine

Als Rotweinproduzent hat Portugal ein enormes Entwicklungspotential, nicht zuletzt dank der Eigenwilligkeit seiner Weine. Die großen Vorwärtssprünge in der Kellertechnik spiegeln sich bereits in charaktervollen, körperreichen Rotweinen aus lokalen Sorten wie Periquita, Touriga Nacional, Touriga Francesca und Tinta Roriz (der spanischen Tempranillo) wider. Am deutlichsten sind die Fortschritte in den Gebieten **Alentejo** und **Douro**, aber auch traditionellere Regionen wie **Bairrada** und DAO keltern zugänglichere Weine. ☆→☆☆

## PINOTAGE

Die einheimische südafrikanische Traube, eine Kreuzung von PINOT NOIR und Cinsault, kann von alten Reben wunderbare Weine mit Pflaumennote hervorbringen. Die besten bieten ein gutes Preis-Leistungs-Verhältnis. ☆☆

## PINOT NOIR – Rumänien

Man denkt bei Pinot Noir nicht in erster Linie an besonders körperreiche Weine, doch die rumänische Sorte Burgund Mare ergibt kräftige Rotweine mit Brombeerfrucht – ohne große Feinheit zwar, aber zu einem äußerst bescheidenen Preis. ☆

## ST-JOSEPH

Ein zugänglicherer Syrah-Wein von der nördlichen Rhone, den man sich auch eher leisten kann. Er hat zwar nicht die Dichte und Konzentration seiner gewichtigeren Nachbarn, doch in den Händen von Spitzenerzeugern entsteht allemal ein gehaltvoller Rotwein. ☆☆☆

## SHIRAZ

Die Sorte ergibt zwar auch leichte, fruchtige Weine, doch Australien hat ihr den Ruf eines wahren Kraftprotzes verschafft. Sie kann wunderbar konzentrierte Weine ergeben, echte Rivalen der Syrah-Gewächse von der Rhone. Der intensivste Stil mit der deutlichen Note von schwarzem Pfeffer wird in den heißen, trockenen Rebbergen Südaustraliens gepflegt, vor allem im Barossa Valley, wo alte Reben und niedere Erträge Weine von hoher Konzentration ergeben. (Allerdings hat Australiens bekantester Shiraz, **Grange**, besonders im Alter mehr mit einem Bordeaux gemein.)

Shiraz aus dem Hunter Valley hat einen anderen Charakter, eher Wildnoten, manchmal auch als «Sattelschweiß» beschrieben; Shiraz aus dem kühleren Westaustralien ist ein viel zahmeres Geschöpf mit weicher Frucht von roten Beeren, einem CABERNET nicht unähnlich. Auch in Südafrika wird in letzter Zeit zunehmend Shiraz angebaut. ☆☆→☆☆☆

## VINO NOBILE DI MONTEPULCIANO

Ein weicher, raffinierter Wein aus der Toskana, der zur Hauptsache aus der Sorte Sangiovese gewonnen wird. Eine weniger teure Alternative zu **Brunello di Montalcino**. ☆☆

## ZINFANDEL

Wie SHIRAZ kann auch diese Sorte leicht und konfitüreartig sein, doch in den Händen einzelner Winzer ergibt sie Weine von großer Kraft und Persönlichkeit, die sich so etwas wie eine verschworene Gemeinde geschaffen haben. Sie ist mit der italienischen Sorte Primitivo identisch und hat wie diese ein überaus üppiges Brombeerenaroma. Sie etablierte sich im letzten Jahrhundert in Kalifornien. Die besten Anbaugebiete liegen in Nordkalifornien im Dry Creek Valley und im Alexander Valley, südlich von San Francisco am Fuße der Sierra Nevada und in der Region Paso Robles, wo noch viele alte Reben stehen. Ein wenig Zinfandel wächst auch in Südafrika und Westaustralien. ☆☆→☆☆☆

### Lagerung und Servieren

*Die meisten Weine dieser Kategorie werden unter durchschnittlichen Lagerbedingungen zu Hause zumindest ein, zwei Jahre überleben, teurere Weine fünf bis acht Jahre. Einige wie die Spitzenweine von der Rhone und aus Italien fangen sogar erst nach dieser Zeit an, sich zu öffnen und trinkbar zu werden. Öffnen Sie sie mindestens eine, lieber zwei Stunden, bevor Sie sie servieren, oder dekantieren Sie sie im voraus.*

# REIFE ROTWEINE UND RARITÄTEN

Eine der größten Neuerungen der letzten Jahre ist darin zu sehen, wie bald wir einen Wein nach dem Kauf trinken. Früher wurde jeder auch nur einigermaßen gehaltvolle Wein gelagert, und niemand hätte auch nur im Traum daran gedacht, ihn jung zu trinken. Heute kommen auch teure Weine oft vom Ladenregal auf den Tisch. Resultat: Viele kennen, ja mögen den Geschmack von reifem Wein nicht.

Der Geschmack ist tatsächlich ganz anders: Die lebhafte Frucht und die kräftigen Tannine machen milderen Aromen und einer weicheren Textur Platz. Einfache Cassis- oder Himbeerfrucht verwandelt sich in eine eher herbstliche Pflaumennote und eine ganze Reihe überraschender Aromen. Ein reifer Burgunder z. B. kann deutliche «Bauernhof-Aromen» entwickeln oder an nasses Unterholz, Pilze und Trüffeln erinnern; für Burgunder-Connaisseurs eine reine Freude, für Neulinge aber ein ziemlicher Schock.

## Wein lebt und atmet

Diese Geschmacksveränderungen haben ihren Grund darin, daß Wein im Gegensatz zu anderen verpackten Lebensmitteln sich in der Flasche weiterentwickelt. Bei der Abfüllung gelangt ein wenig Sauerstoff in die Flasche, der mit den im Wein gelösten Phenolen (die aus den Beerenschalen, Kämmen und Kernen stammen und dem Wein Farbe und Struktur verleihen) reagiert: Sie bilden schließlich einen Satz, der sich am Boden der Flasche ablagert. Deswegen wird älterer Wein blasser und enthält weniger Gerbstoffe.

Aber nicht alle Weine verhalten sich im Reifeprozeß gleich: Fruchtige Rotweine ohne Faßausbau, die für baldigen Konsum bestimmt sind, schmecken einfach langweilig und flach. Es hat keinen Sinn, einen Beaujolais Nouveau zu lagern. Einige Sorten sind lagerfähiger als andere: Syrah und Shiraz z. B. altern im allgemeinen besser als Pinot Noir; Cabernet Sauvignon hat ein größeres Lagerpotential als Merlot, doch es hängt davon ab, wo und wie er vinifiziert wurde (vgl. S. 80).

In kühleren Gebieten wie Bordeaux und Burgund hängt die Langlebigkeit eines Weins auch vom Jahrgang ab. In einem guten Jahr wie 1995 reifen die Trauben voll aus, und die Weine sind konzentrierter und altern besser als die dünneren Weine aus schwachen Jahren wie 1991 oder 1992.

Doch der wichtigste Faktor ist die Konzentration eines Weins – und sie schlägt sich fast immer im Preis nieder. In der Regel altern billigere Weine rascher als teure; und Weine aus Anbaugebieten mit traditioneller Kellertechnik wie Bulgarien, Spanien und Portugal rascher als vergleichbare Weine der Neuen Welt. Zum Teil hat dies mit der Faßart zu tun: In alten Fässern gelagerter Wein schmeckt vordergründiger nach Holz, in neuen Barriques ausgebauter hat eine üppige Vanillenote.

In der Regel wird man es eher bereuen, wenn man die Weine zu lange lagert, als wenn man sie zu früh trinkt. In Wohnungen und Häusern mit Zentralheizung profitieren Weine selten davon, wenn man sie länger als zwei, drei Jahre aufbewahrt. Nur große Weine sind es wert, länger gelagert zu werden – ideale Bedingungen vorausgesetzt (vgl. S. 110–113). Zu diesen gehören Bordeaux, Burgunder und Weine von der Rhone, teurere Rotweine aus der Toskana und dem Piemont und Spitzenweine aus Kalifornien und Australien. In den ersten fünf Jahren sind viele sehr verschlossen und zeigen noch kaum etwas von ihrer Größe.

Wenn Sie auf den Geschmack reifer Weine gekommen sind, können Sie sich aber auch mit einem kleineren Budget Gutes tun. Vor allem Spanien ist ein gutes Jagdgebiet für in Eiche gereifte Rotweine zu vernünftigen Preisen, insbesondere Rioja, aber auch Weine aus Conca de Barberá, La Mancha, Penedés und Valdepeñas. Dasselbe gilt auch für Weine wie Copertino und Salice Salentino aus Süditalien.

Ebenfalls in dieses Kapitel aufgenommen worden sind ein paar der eigenwilligsten Weine der Welt – z. B. Aglianico del Vulture und das libanesische Château Mustar. Bedenkt man ihre Seltenheit, sind sie im Preis recht bescheiden – aber nicht jedermanns Geschmack.

## Zum Etikett

Je älter ein Wein ist, desto reifer ist er wahrscheinlich auch. Kaufen Sie aber keine Jahrgänge, die älter sind als fünf Jahre, wenn Sie die Herkunft eines Weins nicht kennen. Bezeichnungen wie «Réserve» geben an, daß ein Wein im Faß ausgebaut worden ist und sich lagern läßt.

**Ausgangspunkte**

| Reife Weine | Raritäten |
|---|---|
| Bulgarischer Cabernet Sauvignon | Amarone |
| Valdepeñas | Aglianico del Vulture |
| Copertino | Château Musar |
| Rioja Reserva oder Gran Reserva | |

**Oben** *Lese auf Château Musar im Libanon. Hier ensteht der beste libanesische Wein, eine reiche Assemblage von Cabernet Sauvignon Cinsaut und Syrah.*

**Linke Seite** *Ein Bild, das jedem Weinliebhaber das Wasser im Mund zusammenlaufen läßt – und zu tollkühnen Gedanken für die Zukunft des eigenen Bankkontos verleitet.*

## AGLIANICO DEL VULTURE

Einer der weniger bekannten, aber großartigen, gehaltvollen süditalienischen Rotweine aus der spätreifenden Sorte Aglianico. ☆☆→☆☆☆

## AMARONE

Einzigartiger, leicht bitterer Rotwein von großer Konzentration der Region Valpolicella in Nordostitalien aus den Sorten Corvina, Rondinella und Molinara. Er paßt zu Wild und Braten, doch mit seinen mindestens 14 % Alkoholgehalt ist er auch ein guter Begleiter einer Käseplatte. ☆☆→☆☆☆

## BARCA VELHA

Portugiesischer Kultwein vom Douro, aus denselben Sorten (und derselben Region) wie Portwein. Es gibt ihn nur in besonders guten Jahren. ☆☆☆

## BORDEAUX – Crus Classés

Nicht alle der 61 offiziell klassifizierten Gewächse des Médoc sind so selten, daß sie deswegen in dieses Kapitel gehörten. Doch einen Wein wie Château Latour oder Mouton-Rothschild werden die meisten von uns nicht oft zu trinken bekommen. Wenn Sie sich die fünf Premiers Crus, die erstklassierten Châteaux merken – **Haut-Brion**, **Lafite-Rothschild**, **Latour**, **Margaux** und **Mouton-Rothschild** – und dazu die beiden Superstars aus Pomerol, **Pétrus** und Château **Le Pin**, können Sie die Ehre ermessen, sollte jemand einmal eine Flasche für Sie öffnen. Ein Deuxième, Troisième, Quatrième oder Cinquième Cru hat oft ein besseres Preis-Leistungs-Verhältnis. ☆☆☆

## BRUNELLO DI MONTALCINO

Der elegante und teure Rotwein aus der Toskana ist Italiens Antwort auf die Spitzengewächse von Bordeaux. Er wird aus Brunello, einem Klon der Sorte Sangiovese grosso, gekeltert. Er reift lange Zeit auf Eiche und kommt erst nach vier Jahren auf den Markt. Gute Jahrgänge halten Jahrzehnte. ☆☆☆

## CABERNET SAUVIGNON – reif

Dank ihres hohen Gerbstoffgehalts ist die Sorte äußerst lagerfähig, wie Spitzenerzeuger in Europa und in der Neuen Welt bewiesen haben. Die Weine reifen aber verschieden rasch: Bulgarische und spanische entwickeln die typische, milde Pflaumennote eines reifen Cabernet nach drei bis vier Jahren Flaschenreifung. Teurere australische und kalifornische Cabernets mit intensiver, konzentrierter Frucht entwickeln diesen Charakter oft erst nach acht bis zehn Jahren. ☆☆→☆☆☆

## CHÂTEAU MUSAR

Der beste Rotwein aus dem Libanon. Trotz Bürgerkriegs wird die langlebige, mächtige und doch elegante Assemblage von Cabernet Sauvignon, Cinsault und Syrah, die dem Vergleich mit vielen weitaus teureren BORDEAUX durchaus standhält, Jahr für Jahr produziert. ☆☆

## CHIANTI CLASSICO RISERVA

Die Ausbauzeit für Chianti Classico Riserva ist von drei auf zwei Jahre herabgesetzt worden, dennoch sollte sich eine Riserva deutlich länger lagern lassen als ein gewöhnlicher Chianti. Die Spitzenweine von Produzenten wie Antinori oder Isola e Olena können viele Jahre aufbewahrt werden. ☆☆→☆☆☆

## GARRAFEIRA

Eine Qualitätsbezeichnung für portugiesische Weine. Sie besagt, daß der Wein aus einem hervorragenden Jahr stammt und zwei Jahre im Eichenfaß und ein weiteres Jahr in der Flasche gereift ist. ☆☆

## GRANGE

Der gesuchteste Shiraz Australiens wurde in den fünfziger Jahren (als Grange Hermitage) zum ersten Mal produziert. Man wollte damit den Premiers Crus von Bordeaux nacheifern. Er schmeckt aber eher wie ein reifer CABERNET SAUVIGNON. ☆☆☆

## NEGROAMARO

Süditalienische Rotweine haben ein unverwechselbares Aroma: Auch jung schmecken sie schon reif. Man kann die heiße Sonne beinahe schmecken – sie haben einen Butterscotch-Karamelton, der sie davor bewahrt, bitter zu schmecken. Die meisten werden aus der Sorte Negroamaro («schwarzbitter») und Malvasia Nera verschnitten. Halten Sie nach den Namen **Copertino**, **Salice Salentino** und **Squinzano** Ausschau. ☆→☆☆

## PRIORATO

Ein kleines Anbaugebiet in Katalanien, das aus den Sorten Garnacha (Grenache) und Cariñena (Carignan) einen hochkonzentrierten Rotwein mit beträchtlichem Alkoholgehalt (mindestens 13,75 %) keltert. ☆☆☆

## RIBERA DEL DUERO

Die Region hat Rioja den Rang als Spaniens prestigeträchtigstes Anbaugebiet abgelaufen, und zwei seiner Weine, **Vega Sicilia** und **Pesquera**, sind zu Kultweinen geworden. Sie werden aus Tempranillo (hier Tinto Fino genannt), CABERNET SAUVIGNON und Merlot verschnitten und reifen mindestens drei (öfter aber fünf bis sechs) Jahre in Eiche. Die Spitzenweine sind äußerst reich und konzentriert und halten sich zwanzig Jahre oder noch länger. ☆☆→☆☆☆

## RIOJA RESERVA, RIOJA GRAN RESERVA

Jahrelanger Faßausbau gibt diesen Weinen einen überaus deutlichen Eichengeschmack; die typische, milde Erdbeerkonfitürenote macht mit der Zeit komplexeren Wildaromen Platz. Eine Reserva muß drei Jahre reifen, mindestens eines davon in Eiche, bevor sie auf den Markt kommt; eine Gran Reserva reift fünf Jahre, mindestens zwei davon in Eiche. Diese Vorschrift gilt auch für andere spanische Rotweine, z. B. aus Navarra. ☆☆→☆☆☆

## LA ROMANÉE-CONTI

Die Produktionsmenge der berühmtesten Burgunder wie La Romanée-Conti, **Richebourg** und **La Tâche** ist so winzig, daß praktisch jede Flasche vergeben ist, noch bevor die Trauben gelesen werden (La Romanée-Conti ist eine Einzellage, weniger als zwei Hektaren groß). Andere Grands Crus wie **Bonnes Mares**, **Corton** und **Echézeaux** sind etwas leichter erhältlich – falls Sie sie sich leisten können. ☆☆☆

## SASSICAIA und andere «Supertoskaner»

Eine Reihe von dichten, extraktreichen Spitzenweinen aus der Toskana, die aus «fremden» Sorten wie CABERNET SAUVIGNON gekeltert werden, nennt sich demonstrativ «Vino da Tavola» und drückt damit ihre Verachtung für die Vorschriften der «Denominazione di Origine Controllata» (DOC) aus. Die bekanntesten sind Sassicaia, **Ornellaia** und **Tignanello**. ☆☆

## VALDEPEÑAS

Von hier kommen eichengereifte Rotweine zu vernünftigem Preis im typisch spanischen Stil, hauptsächlich aus der Sorte Tempranillo (die hier Cencibel heißt). Nach drei bis vier Jahren trinkreif. ☆→☆☆

### Speisen und Anlässe

*Es ist unvorsichtig (und dazu eine Verschwendung), einen sehr alten oder seltenen Wein aufzutischen, wenn Sie nicht sicher sind, daß Ihre Gäste ihn zu schätzen wissen. Wählen Sie auch das Essen dazu mit Bedacht: Die delikaten Aromen reifer Weine verlangen eher nach einem Geschmack, der sie ergänzt, wie man ihn in einfachen, klassischen Gerichten findet.*

### Lagerung und Servieren

*Je älter ein Wein ist, desto sorgfältiger sollten Sie ihn behandeln. In älteren Flaschen hat sich oft eine Ablagerung, ein sogenanntes Depot, gebildet. Lassen Sie sie vor dem Öffnen 24 Stunden aufrecht stehen und öffnen Sie sie nicht zu früh. Weine mit kräftigem Körper und Gerbstoffgehalt können durch Dekantieren gewinnen.*

# ROSÉWEINE

Rosé hat ein etwas unseriöses Image. Er gilt als der Wein, mit der kein Weinfreund (erst recht kein Mann), der etwas auf sich hält, ertappt werden möchte. In manchen Gegenden Europas dagegen verkörpert er eine ganze Lebensart, und niemand findet an ihm etwas Unmännliches.

Seine Farbe hat er natürlich von roten Traubensorten; Rosé ist folglich in Rotweingegenden wie dem Bordelais und Languedoc ein logisches Nebenprodukt. Er wird auf verschiedene Arten erzeugt, aber nur selten aus Weiß- und Rotwein gemischt.

Entweder werden die Trauben gepreßt und der Most kurz danach abgezogen; so erzeugt man einen ganz hellen Rosé mit zarter Frucht. Läßt man den Most zwölf Stunden oder noch länger auf der Maische stehen, entsteht ein kräftigerer Wein mit viel intensiverer Farbe.

Gerade dieses Wechselspiel der Roséweine – von hellen Zwiebelschalentönen über Rosa-Beige und Himbeerrosa bis zu tiefen Lachsfarben – macht ein gut Teil ihres Charmes aus.

## Ein vielseitiger Sommerwein

Fast alle Gebiete Südeuropas produzieren einen einfachen Alltagsrosé. Mit seinem niedrigen Alkoholgehalt ist er das ideale Getränk für warmes Wetter. In der Provence, im südlichen Rhonetal und im Bordelais werden kräftigere Roséweine erzeugt. In der Provence ist Rosé geradezu in Mode gekommen, Weine der Appellationen Bandol oder Bellet haben dieselben Preise wie Weiß- oder Rotweine. Die kleine Appellation Tavel im südlichen Rhonetal keltert einen körper- und alkoholreichen Rosé, der dieselben kräftigen Gerichte begleitet wie ein Rotwein.

Roséweine aus Bordeaux sind besonders elegant, und die Loire hat mehr zu bieten als den eher langweiligen, süßlichen Rosé d'Anjou. Versuchen Sie Rosé de Loire und Cabernet d'Anjou, die in einem trockeneren, frischeren Stil vinifiziert werden, oder die Rosés aus Rotweinregionen wie Chinon und Bourgueil.

Wenn Sie einen kräftigeren, rustikaleren Rosé-Stil vorziehen, sind Spanien mit seinen *Rosados* und das Languedoc die besten Jagdgründe. Kosten Sie diese Weine, wenn Sie dort Urlaub machen, mit geschlossenen Augen – Sie werden glauben, Sie tränken einen leichten Rotwein.

In der Neuen Welt ist Rosé nicht so stark vertreten. Die Weine werden sortenrein gekeltert, die meisten aus Grenache oder Shiraz oder Cabernet Sauvignon. Wie die Rotweine sind auch sie reicher, süßer und fruchtiger als ihre europäischen Pendants, haben einen viel höheren Alkoholgehalt und weniger Säure.

Dieser Stil der Neuen Welt hat seinerseits die dynamischeren Anbaugebiete Europas beeinflußt: In Ungarn z. B. findet man guten, frischen, trockenen Cabernet rosé, im Languedoc kräftigen Syrah rosé.

Die Ausnahme innerhalb der Neuen Welt heißt Kalifornien, das mit seinen «Blush»-Weinen Pionierleistungen vollbrachte und sehr erfolgreich war: halbsüßen Weinen von leichter Farbe, für viele ein einfacher Einstieg in die Welt des Weins überhaupt. Sie werden eher unter der Bezeichnung «Weißwein» vermarktet; der populärste heißt bezeichnenderweise *White Zinfandel*. Im ganzen verliert der etwas süßere Rosé-Stil, wie er von Mateus Rosé und Rosé d'Anjou verkörpert wird, gegenüber den kräftiger fruchtigen Weinen der Neuen Welt an Beliebtheit.

Wer sich nicht darum schert, was andere von ihm denken könnten, kommt in den Genuß einzigartig erfrischender Weine. Ironischerweise hat ausgerechnet der Rosé, der am ernstesten genommen wird, Millionen von lustigen Bläschen – ich spreche von rosé Champagner: Gibt es überhaupt etwas «Unseriöseres»?

## Zum Etikett

Einer der verläßlichsten Hinweise ist der Alkoholgehalt. Leichtere Roséweine haben 11 bis 11,5 %, kräftigere bis 13 %. Auch die Farbe ist ein Anhaltspunkt. Je dunkler ein Wein, desto gehaltvoller und fruchtiger wird er wahrscheinlich sein. Rosé sollte so frisch wie möglich getrunken werden, wählen Sie jeweils den jüngsten Jahrgang.

**Ausgangspunkte**

| Trocken, frisch und elegant | Gehaltvoll und kräftig |
|---|---|
| Bordeaux | Spanischer Rosado |
| Bandol | Rosé aus dem Languedoc |
| Marsannay | Tavel |
| **Aromen der Neuen Welt** | **Leicht und halbtrocken** |
| Cabernet Sauvignon Rosé | Rosé d'Anjou |
| Grenache Rosé | Mateus Rosé |
| Syrah/Shiraz Rosé | Lambrusco Rosé |

**Oben** *Kalifornien ist einer der größten Produzenten von Roséweinen («blush»). Die hölzernen Rahmen sollen die Reben so erziehen, daß die Trauben maximale Sonneneinstrahlung erhalten.*

**Linke Seite** *Zur Lebensart in der Provence und anderen Teilen Südfrankreichs gehört das tägliche Glas Rosé, der hier beliebter ist als Weißwein.*

## BARDOLINO CHIARETTO

Ein attraktiver, leichter Rosé mit Kirschenfrucht vom Ufer des Gardasees in Nordostitalien. ☆☆

## BERGERAC ROSÉ

Ein schöner Wein mit Erdbeerfrucht aus der Dordogne in Südwestfrankreich, dem Rosé aus BORDEAUX ähnlich, aber weniger ausgeprägt. Halten Sie danach Ausschau. ☆☆

## «BLUSH»

Die Bezeichnung wurde in den 80er Jahren in Kalifornien geprägt, um die sinkenden Verkaufszahlen von Rosé zu erhöhen, und wird heute weltweit für leichte, meist leicht süße Roséweine gebraucht. ☆

## BORDEAUX

Im Bordelais steigt die Produktion von Rosé. Güter wie Château de Sours und Château Méaume erzeugen Roséweine, die zu den elegantesten der Welt gehören, zur Hauptsache aus MERLOT, weniger aus CABERNET SAUVIGNON. Sie sind knochentrocken und haben ein volles Aroma und eine leichte Himbeerfrucht. ☆☆

## CABERNET SAUVIGNON

Die Sorte ergibt einen trockenen, frischen, körperreichen Roséstil mit einer charakteristischen Cassisfrucht. In Chile und bei «Flying Winemakers» in Ungarn gewinnt dieser Wein in den letzten Jahren zunehmend an Beliebtheit. ☆→☆☆

## CINSAULT

Die Sorte wird im LANGUEDOC und in der PROVENCE gerne zu Rosé gekeltert und oft mit GRENACHE zu besonders kräftigen, körperreichen Weinen verschnitten. ☆→☆☆

## CLAIRET

Bordeaux Clairet ist eine eigene Appellation. Die frischen Weine stehen einem leichten Rotwein fast näher als einem Rosé. ☆☆

## GRENACHE

Die Sorte ist bei Erzeugern in Europa und in der Neuen Welt gleichermaßen beliebt. Sie ergibt körperreiche, intensive, oft tiefdunkle Roséweine. Sie ist die Basis für den bekanntesten Rosé der Provence, **Tavel**, und den besonders kräftigen Rosé Mount Hurtle des australischen Erzeugers Geoff Merrill. In Kalifornien wird die Sorte als **White Grenache** süßer gekeltert. ☆→☆☆

## LAMBRUSCO

Ein sehr leichter, süßlicher Rosé aus Norditalien, hauptsächlich für den Export bestimmt. Versionen mit niedrigerem Alkoholgehalt fallen im allgemeinen dürftig aus. ☆

## LANGUEDOC ROSÉ

Rosé gibt es im Languedoc in zwei Stilrichtungen: Da sind einerseits die fruchtigen, sortenreinen Weine aus CABERNET und SYRAH im Stil der Neuen Welt, anderseits die traditionelleren, trockeneren, frischeren Weine kleiner Erzeuger aus lokalen Sorten wie GRENACHE, CINSAULT und Carignan. ☆→☆☆

## ROSÉ – von der Loire

Der einschmeichelnde, fast immer übersüße **Rosé d'Anjou** aus der einfachen Grolleau-Traube ist einer der banalsten Roséweine. Um einiges besser sind die trockeneren, eleganteren **Rosé de Loire** und **Cabernet d'Anjou** aus der Sorte Cabernet Franc. Guter Rosé kommt auch aus **Bourgueil** und **Chinon**, doch er ist keineswegs billig. ☆☆→☆☆☆

## MATEUS ROSÉ

Der berühmte süßliche, leicht perlende Rosé in der typischen flachen Flasche war in den 60er und 70er Jahren für viele der «Einsteigerwein» schlechthin. Seither ist seine Beliebtheit etwas zurückgegangen, doch er ist eher besser als andere populäre halbsüße Roséweine wie etwa WHITE ZIN. ☆☆

## MERLOT

Keine traditionelle Sorte für Rosé, wird aber wegen ihrer attraktiven Frucht von roten Beeren immer beliebter. In den USA wird sie zu **White Merlot** gekeltert. ☆→☆☆

## MOURVÈDRE

Aus der modischen Sorte werden auch stilvoll-elegante Roséweine gekeltert, vor allem in der PROVENCE. ☆☆→☆☆☆

## PINOT NOIR

Eine der erfolgreichsten Sorten für Rosé, die ansprechende, köstlich fruchtige Weine ergibt. Die schönsten Beispiele sind **Marsannay** aus Burgund und **Sancerre Rosé** mit seinem charakteristischen blassen Erdbeerrot. Gute Roséweine werden auch im weniger bekannten St-Pourçain erzeugt. ☆→☆☆☆

## ROSÉ DE PROVENCE

Bei Rosé denkt man zuallererst an die Provence. Dort ist er allerdings so beliebt, daß die Qualität der Weine oft etwas hinter dem Preis herhinkt. Die meisten Roséweine werden aus GRENACHE und CINSAULT verschnitten und kommen als **Côtes de Provence** auf den Markt. Sie sind selten mehr als erfrischende, leichte Tischweine. Stilvollere Weine von kleinen Appellationen wie **Bandol**, **Cassis** und **Palette** enthalten zumeist auch etwas MOURVÈDRE. ☆☆→☆☆☆

## ROSADO – Spanien

In Spanien heißt Rosé Rosado. Die meisten Roséweine bestehen zur Hauptsache aus GRENACHE (Garnacha) und sind kräftig und rustikal, aber es gibt Produzenten wie Chivite, die wahrhaft elegante Weine erzeugen. ☆→☆☆

## SYRAH

Die Sorte wird für die Erzeugung voller, fruchtiger Roséweine mit der charakteristischen Syrah-Würze vor allem bei der neuen Generation von Weinmachern im LANGUEDOC immer beliebter. Eine besonders üppige Version produziert Balbi in Argentinien. ☆→☆☆

## TAVEL

Der berühmteste französische Rosé kommt aus dem südlichen Rhonetal (die Appellation bringt gar keine anderen Weine hervor). Er wird zur Hauptsache aus der Sorte GRENACHE gekeltert, ist ziemlich schwer und alkoholreich und profitiert kaum von der längeren Lagerung, die einige Produzenten empfehlen. Manche Erzeuger gehen heute zu einem leichteren Stil über, wie er im benachbarten **Lirac** gepflegt wird. ☆☆→☆☆☆

## VIN GRIS

Ein blasser Rosé, der entsteht, wenn man den Most nur ganz kurz an der Maische läßt. Der bekannteste Vertreter ist Listel Gris de Gris aus den endlosen Sanddünen am Mittelmeer. ☆→☆☆

## WHITE ZINFANDEL

Man nennt diesen Wein «weiß», zärtlich «White Zin», tatsächlich handelt es sich aber um einen Roséwein. Er ist leicht, süß und etwas perlend und genießt beim Publikum ungemeine Popularität, seitdem er in den 80er Jahren in Kalifornien lanciert wurde. ☆→☆☆

### Speisen und Anlässe

*Rosé ist der Sommerwein schlechthin, geradezu maßgeschneidert für Sommerparties, Picknicks und Essen im Freien, auf der Terrasse oder im Garten. Er begleitet die verschiedensten Gerichte hervorragend; dank seiner kräftigen Säure paßt er sogar zu Salaten, vor allem zu Tomatensalat.*

### Lagerung und Servieren

*Lagern Sie Rosé auf keinen Fall. Er sollte möglichst bald nach dem Kauf getrunken werden. Behandeln Sie ihn wie Weißwein und servieren Sie ihn gut gekühlt.*

# CHAMPAGNER UND ANDERE SCHAUMWEINE

Die meisten Menschen sind sich der Unterschiede zwischen den einzelnen Schaumweinen nicht bewußt. Wichtiger ist das Image: Wenn wir einen besonders guten Eindruck machen wollen, wählen wir Champagner. Wo es nicht so darauf ankommt, ziehen wir einen billigeren Schaumwein in Betracht. Nicht wie der Wein schmeckt, ist vielen am wichtigsten, sondern ob er ein bekanntes Etikett hat.

Diese Einstellung läßt aber die Entwicklungen der letzten Jahre außer acht. Noch vor zehn Jahren beherrschten die Champagnerproduzenten den Markt für Qualitätsschaumwein alleine – heute sind ihnen aber in Neuseeland oder Kalifornien ernsthafte Rivalen erwachsen, ironischerweise oft dank der Hilfe ebendieser Champagnerhäuser, die mit Produktionsanlagen in die Neue Welt expandierten.

Die Neue Welt zeigt ein wachsendes Selbstbewußtsein in der Erzeugung von Weinen, die zwar nicht den Champagnerstil haben und gewiß weniger elegant sind, dafür aber viel weicher, fruchtiger und einfacher zu trinken. Diese Entwicklung wirkt sich auch auf die Qualität des Champagners aus: Es gibt heute viel weniger dünne, scharfe, säurelastige Champagner und weit mehr mit einem weicheren, volleren Geschmack.

Die Schaumweinproduktion findet in kühleren Weinregionen ideale Bedingungen. Während die Hauptsorge der meisten Erzeuger ist, ihre Trauben möglichst reif werden zu lassen, achtet ein Schaumweinproduzent auf einen hohen Säuregehalt; den Wein schwacher Jahre kann er mit früheren Jahrgängen verschneiden.

## Weißer Wein aus dunklen Trauben

Vielleicht ist es eine Überraschung für Sie, daß der blaßgelbe Champagner aus zwei dunklen Sorten verschnitten wird: Pinot Noir und Pinot Meunier. Die dritte Sorte, Chardonnay, ist weiß. (Reinsortiger Champagner aus Chardonnay heißt «Blanc de Blancs», aus Pinot-Trauben «Blanc de Noirs».) Die Stilunterschiede zwischen einem Champagner und einem anderen spiegeln oft die verschieden hohen Anteile der einzelnen Sorten wider: Mehr Chardonnay ergibt einen leichteren, eleganteren Champagner, mehr Pinot Noir einen reicheren und gehaltvolleren.

Der lange, arbeitsintensive Produktionsprozeß erklärt, warum Champagner und Schaumweine, die nach der Flaschengärmethode hergestellt werden, so teuer sind. Die billigeren Schaumweine werden dagegen in einem riesigen Tank vergoren und dann unter Druck in

Flaschen abgefüllt. Es fehlt ihnen zwar die Komplexität eines Champagners, doch die Methode eignet sich hervorragend für Sorten wie Moscato, wo ein einfaches Aroma das Ziel ist.

Bei Champagner bezahlt man selbstverständlich auch für den Namen; wenn Sie Schaumwein um seiner selbst willen lieben, lohnt es sich, andere Regionen zu erforschen. In Frankreich wird an der Loire, aber auch im Elsaß, in Burgund und einem kleinen Gebiet im Süden um Limoux Schaumwein produziert. Die Spanier sind stolz auf ihre trockene, frische *Cava*, die Italiener auf eine lange Tradition halbsüßer *Spumanti* aus der Muskateller-Traube.

Doch die größte Herausforderung für den Champagner kommt aus der Neuen Welt, wo die Champagnerhäuser selbst Niederlassungen errichtet haben. Die höchste Qualität findet man in Kalifornien und Neuseeland, aber Australien bietet die größte Auswahl an Preisen und Stilrichtungen. Südafrika liefert nicht immer höchste Qualität, kann aber sehr gute gehaltvolle Schaumweine vorweisen.

## Zum Etikett

Nur Jahrgangs-Champagner trägt eine Jahreszahl. Ein Hinweis auf den Stil sind die Bezeichnungen «brut» (für trockene), «sec» (für halbtrockene) und «demi-sec» (für süße Weine). Ultratrockene Champagner tragen Bezeichnungen wie «sans dosage».

**Ausgangspunkte**

| **Leicht und cremig** | **Reich, mit Röstaromen** |
|---|---|
| Schaumwein aus Chardonnay<br>Crémant de Bourgogne<br>Champagner Blanc de Blancs | Spitzenschaumwein aus Neuseeland<br>Spitzenschaumwein aus Kalifornien<br>Champagner großer Marken ohne Jahrgang<br>Jahrgangs-Champagner |
| **Trocken und frisch, mit Hefegeschmack** | **Halbtrocken** |
| Cava<br>Saumur brut<br>Einfacher Champagner ohne Jahrgang | Moscato d'Asti<br>Asti Spumante<br>Champagner Demi-sec |

**Oben** *Große mechanische Vorrichtungen (sogenannte «Gyropalettes») ersetzen das traditionelle Rütteln der Flaschen von Hand: Die abgestorbene Hefe muß in den Flaschenhals gebracht werden, bevor die Flasche im Eisbad degorgiert und von der Hefe befreit wird.*

**Linke Seite** *Landschaftsbild aus der Champagne im Nordosten Frankreichs. Die stillen Weine dieser Gegend waren so herb, daß man eine raffinierte Methode entwickelte, um sie genießbarer zu machen: die sogenannte «Méthode Champenoise».*

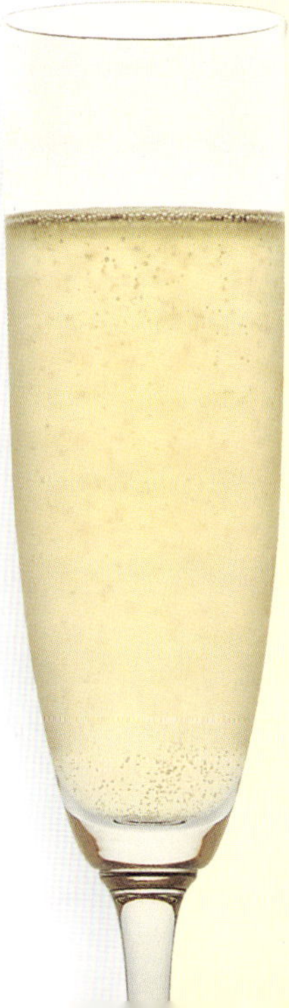

## BLANC DE BLANCS

Ein Weißwein aus weißen Trauben. Champagner mit dieser Bezeichnung besteht zu 100% aus Chardonnay-Trauben. Er wird leichter und cremiger sein und weniger Röstaromen aufweisen als einer mit einem hohen Anteil an Pinot Noir oder Pinot Meunier. ☆☆→☆☆☆

## BLANC DE NOIRS

Viel weniger häufig als BLANC DE BLANCS: ein Champagner, der nur aus dunklen Sorten (Pinot Noir und Pinot Meunier) vinifiziert worden ist und demgemäß gehaltvoller sein wird. ☆☆→☆☆☆

## BRUT

Die Bezeichnung für trockenen Champagner. Ein paar wenige Champagner heißen «ultra brut», merkwürdigerweise ist «extra brut» weniger trocken als brut. ☆→☆☆

## DEMI-SEC

Wörtlich übersetzt bedeutet *demi-sec* «halbtrocken», entspricht den Ausdrücken *abboccato, imixeros, medium dry, meio seco* und *semi-seco*. Verwirrenderweise ist dies die Bezeichnung für Champagner, der in der Regel süß genug ist, um ihn zu einer Nachspeise zu servieren. ☆☆→☆☆☆

## DOUX

Die Bezeichnung für einen süßen Champagner, der Nachspeisen begleiten kann. Gegenwärtig ist *doux* allerdings nicht besonders in Mode. ☆☆→☆☆☆

## GRAND CRU

In der Champagne bedeutet dies, daß die Trauben aus einem Weinberg stammen, der offiziell als Grand Cru bezeichnet wird, doch der Wein muß nicht unbedingt von so hoher Qualität sein wie eine PRESTIGE-CUVÉE. ☆☆☆

## MAGNUM

Champagner in einer Magnumflasche (1,5 Liter) läßt sich generell besser und länger lagern als in der Standardflasche. Hinzu kommt ein Show-Element: Es macht einfach mehr Eindruck, ein große Flasche auffahren zu lassen als zwei kleine – und es kostet in der Regel nicht viel mehr. ☆☆→☆☆☆

## MÉTHODE CHAMPENOISE

Die Art und Weise, wie Champagner erzeugt wird, die Flaschengärung, heißt *Méthode champenoise*. Sie gibt dem Wein sein charakteristisches Aroma. Nachdem der Kellermeister die verschiedenen Weine (die aus mehreren Rebbergen und Jahrgängen stammen) zu einer Cuvée verschnitten hat, werden beim Abfüllen auf Flaschen Zucker und Hefe (*Liqueur de tirage*) hinzugefügt, und der Wein erlebt eine zweite Gärung in der Flasche, wobei Kohlendioxid entsteht (das dann später beim Öffnen den Korken knallen lassen wird). Bei dieser Gärung entsteht ein Hefedepot, das den Geschmack des Champagners verstärkt. Je länger der Champagner auf dieser Hefe liegt, desto besser. Weniger als 18 Monate genügen nicht, um den für Champagner typischen Hefegeschmack nach frischem Brot zu entwickeln.

Am Schluß kommt die sogenannte *Remuage*: Die Flasche wird in einem Rüttelpult in 21 Einzelschritten täglich gerüttelt, d. h. gedreht und immer steiler gestellt, damit das Hefedepot sich im Flaschenhals sammelt. Dann wird der Flaschenhals in ein Eisbad getaucht und die Flasche degorgiert: Der Hefeklumpen wird herausgeschleudert, die Flasche mit einer gewissen Menge *dosage*, süßem *Liqueur d'expédition* aufgefüllt, je nachdem, wie süß der Champagner sein soll.

## OHNE JAHRGANG, JAHRGANGSLOS

Der Begriff weckt negative Assoziationen: Man denkt, Champagner ohne Jahrgangsbezeichnung sei weniger gut als JAHRGANGS-CHAMPAGNER. Aber eigentlich bezieht sich der Ausdruck auf die Art der Herstellung: Man verschneidet mehrere Jahrgänge miteinander, um eine möglichst gleichbleibende Qualität zu erreichen. Jahrgangsloser Champagner enthält einen höheren Anteil jüngerer Weine und ist eher trocken und frisch, mit mehr oder weniger ausgeprägtem Hefe-, Röst- oder Honiggeschmack.

Die meisten der bekannten Marken, der **Grandes Marques**, wie man sie in der Champagne nennt, sind zwei bis drei Jahre gereift, doch die vorgeschriebene Mindestreifezeit beträgt bloß zwölf Monate. Deshalb bestehen große Unterschiede zwischen einem Tiefpreis-Champagner, der ziemlich dünn und säurelastig schmecken kann, und dem jahrgangslosen Champagner einer Grande Marque wie Bollinger oder einem angesehenen kleinen Hersteller wie Billecart-Salmon. Jeder Produzent, der etwas auf sich hält, kultiviert seinen eigenen Hausstil. Bei Taittinger z. B. ist der Chardonnay-Anteil besonders hoch, was einen speziell leichten, eleganten Stil ergibt, Veuve Clicquot ist reich und gehaltvoll. ☆→☆☆

## RÉCEMMENT DÉGORGÉ

Dieser Ausdruck bezeichnet einen reifen Wein, der erst vor kurzem degorgiert und endgültig versandfertig gemacht worden ist. Er hat einen besonders frischen, eleganten Geschmack. Nur Bollinger hat das Recht, die Initialien RD auf dem Etikett als Abkürzung zu verwenden. ☆☆☆

## RÉCOLTANT-MANIPULANT

Ob ein Champagner von einem einzelnen Winzer stammt, ist an den Initialien RM auf dem Etikett ersichtlich. Die Franzosen lieben es, ihren Champagner direkt von ihrem Winzer zu beziehen, doch von außerhalb des Landes ist dies mit Risiken verbunden: Ein kleiner Winzer verfügt weder über dieselbe Auswahl an Trauben noch an älteren Weinen für die Cuvée wie die großen Häuser, weshalb die Qualität von Jahr zu Jahr stark schwanken kann. Sicherer ist es, Champagner über einen Fachhändler zu beziehen, der seine Lieferanten kennt. ☆→☆☆

## ROSÉ

Rosé Champagner wird viel ernster genommen als die stillen, nichtschäumenden Roséweine. Mehrere Häuser produzieren sogar einen rosé Jahrgangs-Champagner. Bei einigen wird der Most eine Zeitlang auf der Maische gelassen, bei anderen wird vor der Flaschengärung etwas Rotwein zugesetzt. ☆→☆☆☆

## PRESTIGE-CUVÉE

Eine Bezeichnung für die besten Jahrgangs-Champagner. Bekannte Beispiele sind Dom Pérignon, Roederer Cristal, Veuve Clicquot La Grande Dame und Bollinger RD. Viele Häuser geben auch spezielle Millennium-Cuvées heraus. ☆☆☆

## JAHRGANGS-CHAMPAGNER

Champagner mit einer Jahresangabe stammt aus einem einzelnen, besonders guten Jahrgang und sollte theoretisch reicher und voller im Geschmack sein als Champagner OHNE JAHRGANG. Doch der Geschmack sagt längst nicht allen zu, manche bevorzugen einen leichteren Stil. Mit der Zeit (er läßt sich mehrere Jahre lagern) kann er einen recht reifen «Kellercharakter» annehmen, besonders wenn er wie bei der Firma Krug in Eiche gereift ist. ☆☆→☆☆☆

## Speisen und Anlässe

*Vielleicht fühlen Sie sich immer noch grundsätzlich verpflichtet, bei einer Feier Champagnerkorken knallen zu lassen, aber das muß nicht sein. Wichtiger ist es, den Wein dem Anlaß anzupassen. Bei einer Stehparty oder einem Empfang mit kleinen Häppchen ist ein leichterer Wein angebracht, für ein großes Champagner-Diner reicherer, gehaltvollerer. Alle Schaumweine sind erstaunlich anpassungsfähig, was Essen betrifft. Heikel wird es nur bei trockenem Champagner und einer üppigen Nachspeise, etwa einem Hochzeitskuchen, der dessen Säure betont, oder bei scharfen Gerichten (aber japanische und chinesische Küche vertragen sich gut mit Champagner). Süßere Schaumweine wie Champagne doux, demi-sec oder Asti können zu Früchtedesserts und Kuchen köstlich schmecken, mit rotem Schaumwein überraschen Sie Ihre Gäste bei einem Barbecue.*

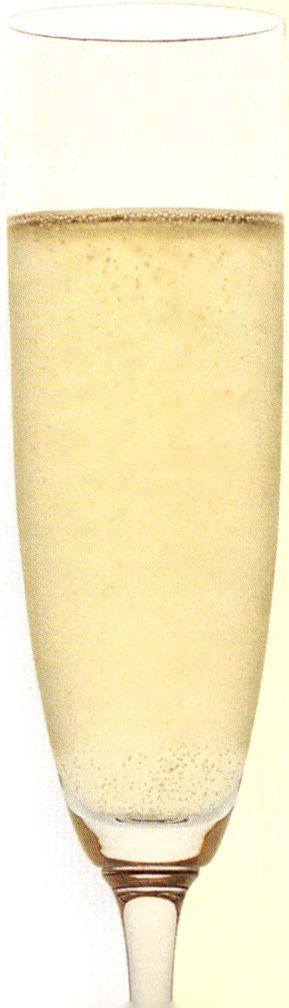

## ASTI

Heute heißt er nur noch Asti, doch die meisten kennen den halbtrockenen Bestseller aus Italien noch unter der Bezeichnung Asti Spumante. Manche mögen etwas hochnäsig auf ihn herabschauen – doch beim richtigen Anlaß (an einem warmen Sommertag) kann er ein viel größerer Genuß sein, als Weinsnobs je zugeben würden. ☆

## AUSTRALIEN

Bei dem überdurchschnittlich warmen Klima erstaunt es nicht, daß australische Schaumweine deutlich fruchtiger und weniger säurebetont sind als europäische. Die meisten bieten unkomplizierten, preisgünstigen Trinkgenuß, doch eine Handvoll Produzenten wie Domaine Chandon erzeugt durchaus elegantere Weine. ☆→☆☆

## BLANQUETTE DE LIMOUX

Den milden, cremigen Schaumwein mit leichter Apfelnote aus dem Languedoc soll es schon länger geben als Champagner. Er wird hauptsächlich aus der lokalen Sorte Mauzac mit etwas Chenin Blanc und Chardonnay vinifiziert. ☆→☆☆

## CAP CLASSIQUE

So bezeichnet man in Südafrika die Schaumweine, die nach der Méthode traditionnelle hergestellt werden. Das Land ist ein vielversprechender Schaumweinproduzent und erzeugt häufig komplexere, reichere Weine als Australien, wenn auch nicht immer von derselben Qualität wie Kalifornien oder Neuseeland. ☆☆

## CAVA

Die spanische Cava war der große Erfolg der letzten Jahre. Es sind gleichmäßig gute, frische, trockene Schaumweine mit Hefegschmack zu außerordentlich vernünftigen Preisen. Jahrgangs-Cava ist nicht immer ein gleich guter Kauf. ☆→☆☆

## CHARDONNAY

Zunehmend beliebt für Schaumweine der Neuen Welt, aber eher mit dem cremigen Geschmack von Vanillesoda als dem Aroma tropischer Früchte, die man sonst mit dieser Sorte in Verbindung bringt. ☆→☆☆

## CLAIRETTE DE DIE

Wenig bekannter, köstlich süßer französischer Schaumwein aus dem Rhonetal. Crémant de Die ist ähnlich im Stil. ☆

## CRÉMANT DE BOURGOGNE

Mit denselben Sorten wie in der Champagne (CHARDONNAY und Pinot Noir) und einem etwas wärmeren Klima scheint Burgund prädestiniert für die Herstellung von *Crémant*, wie französischer Schaumwein außerhalb der Champagne heißt. Er ist zwar nicht so fein und komplex, kann aber sehr gut sein, ebenso Crémant d'Alsace und Crémant de Loire, die, weil sie nicht den Namen «Champagne» tragen, ein hervorragendes Preis-Leistungs-Verhältnis haben können. ☆☆

## MOSCATO D'ASTI

Dieser halbsüße italienische Schaumwein ähnelt im Stil dem ASTI, ist aber oft von besserer Qualität. Er hat einen sensationell tiefen Alkoholgehalt von nur 5,5 Volumenprozent. ☆

## MUMM CUVÉE NAPA

Der bekannteste einer wachsenden Zahl von kalifornischen Qualitätsschaumweinen, die mit dem Know-how und finanziellen Investitionen von Champagnerfirmen produziert werden. Manche der Spitzencuvées wie Quartet von Roederer oder «J» von Jordan übertreffen in der Qualität viele einfache Champagner. ☆☆→☆☆☆

## NEUSEELAND

Der schärfste Rivale Kaliforniens im Wettkampf um den besten Schaumwein aus der Neuen Welt. Das kühle Klima bietet ideale Bedingungen und führt bei Spitzenproduzenten wie Montana (Deutz) und Cloudy Bay (Pelorus) mit Hilfe von Know-how aus der Champagne zu raffinierten Weinen. ☆☆→☆☆☆

## PROSECCO

Ein milder, leicht süßer italienischer Schaumwein aus dem Veneto (aber trockener als ASTI) aus der Prosecco-Traube. ☆

## ROSÉ

Eine Reihe schaumweinproduzierender Regionen erzeugt auch Rosé-Versionen – z. B. Cava Rosado. Doch das Land, das in großem Stil auf Rosé-Schaumwein setzt, ist Australien, vom Bestseller Angas Brut mit seinem Erdbeergeschmack bis zum champagnerähnlichen Green Point. ☆→☆☆☆

## SAUMUR BRUT

Ein nach der *Méthode traditionnelle* hergestellter Schaumwein aus Chenin Blanc. Die besten können einen Champagner ersetzen, es gibt aber auch ziemlich saure Tropfen. ☆☆

## SEKT

Die Bezeichnung für deutschen Schaumwein ist Sekt, doch ein Großteil des Weins, der in den großen Handelshäusern «versektet» wird, stammt von außerhalb Deutschlands. (Wenn die Trauben tatsächlich aus Deutschland stammen, heißt er «Deutscher Sekt» und ist wahrscheinlich besser, am besten ist deutscher Winzersekt.) Trägt er die Bezeichnung «trocken», kann er ziemlich spitz sein, halbtrockene Versionen sind dagegen recht süß. ☆

## SHIRAZ UND ANDERE ROTE SCHAUMWEINE

Australien nimmt in der Produktion von rotem Schaumwein mit überaus fruchtigen Weinen wie Sparkling Shiraz, **Sparkling Cabernet** und **Sparkling Grenache** die Führungsrolle ein. Sie sind ideale Begleiter zu Grillparties und Sommerbuffets (und lustigerweise auch ein Volltreffer zu einer Schokoladenachspeise). Im großen und ganzen wird dieser Stil in Europa nicht besonders gepflegt, mit der Ausnahme von Lambrusco, der in seiner authentischen Version erfrischend herb ist. Ein paar wenige rote Schaumweine werden auch an der Loire hergestellt. ☆☆→☆☆☆

## VEUVE DU VERNAY

Recht langweiliger französischer Schaumwein, der in Qualität und Preis-Leistungs-Verhältnis von seinen Konkurrenten überholt worden ist. ☆☆

## VOUVRAY MOUSSEUX

Die moussierende Version von Vouvray liegt im allgemeinen über dem Durchschnitt der anderen Schaumweine aus der Sorte Chenin Blanc von der Loire. Wenn Sie einen trockenen Wein vorziehen, achten Sie darauf, daß Sie nicht die ebenfalls erhältliche elegante Demi-sec-Version erwischen. ☆☆→☆☆☆

## Lagerung und Servieren

*Es lohnt sich nicht, einen Schaumwein der Neuen Welt oder einen Champagner ohne Jahrgang längere Zeit zu lagern, aber die meisten Champagner werden es Ihnen danken, wenn Sie ihnen ein halbes Jahr Ruhe gönnen, bevor Sie den Korken knallen lassen. Jahrgangs-Champagner läßt sich viel länger lagern: einfachere drei bis fünf Jahre, je nachdem, wie lange sie schon vorher gelagert wurden, Prestige-Cuvées bis zu einem Jahrzehnt. Größere Flaschen halten länger als kleine. Wichtig: Kühlen Sie Champagner vor dem Servieren gut – er schmeckt dann nicht nur besser, sondern es ist auch weniger gefährlich, die Flasche zu öffnen.*

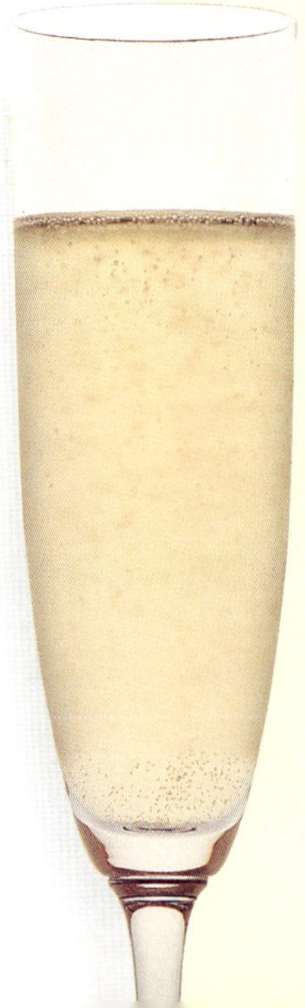

# SÜSSWEINE

Wegen der Verbindung von Süße und hohem Alkoholgehalt sind Süßweine eher Weine für besondere Anlässe als Alltagsweine. In früheren Zeiten galten sie mehr als trockene Weine. Die Weine der Griechen und Römer waren sehr süß und oft gewürzt, denn in warmen Regionen war dies die einzige Art, Wein lagerfähig zu machen. Die Wirkung der Edelfäule (des Pilzes, der die Beeren einschrumpfen läßt und ihren Saft zu wundervoller Intensität konzentriert) war vielleicht schon den Römern bekannt, sicher aber seit dem 17. Jh., als der ungarische Tokajer «erfunden» wurde.

## Edelfäule

Die traditionellen Gebiete für Dessertweine waren jene, wo die Edelfäule spontan einsetzte: Sauternes südlich von Bordeaux und das Loiretal in Frankreich, dazu Teile von Deutschland, Österreich und Ungarn. Die Edelfäule (Botryris cinerea) entwickelt sich unter bestimmten Wetterbedingungen – kühle, neblige Morgen, warme Nachmittage. Das hohe Risiko, die Trauben lange genug am Rebstock zu lassen, bis sie befallen sind, und sie dann in mehreren Durchgängen mühsam von Hand zu lesen, erklärt die astronomischen Preise für Weine wie Sauternes. Ihre wunderbare Textur und die einmalig üppigen Honigaromen setzen Maßstäbe für alle Dessertweine.

Es gibt auch andere Methoden der Süßweinherstellung. Man kann die Beeren aufhängen oder zum Trocknen auslegen, wie man dies vor allem in Griechenland, Frankreich und Italien tut. Die Konzentration und Stärke eines Weins hängt davon ab, wie stark sie getrocknet werden. Eine weitere Methode besteht darin, den Gärungsprozeß mit einer Zugabe von Alkohol zu stoppen (s. Muscat, S. 95). So entsteht ein starker, süßer Wein mit blumigem aromatischem Charakter, der *Vin doux naturel*. Einige Weine werden trocken vinifiziert, danach fügt man ihnen Traubensaft hinzu, andere werden mit Zucker gesüßt.

Bei Dessertweinen denkt man oft an die hocharomatische Muscat- oder Muskatellertraube, doch auch andere dünnschalige Sorten werden oft zu Süßwein verarbeitet. Die Stars heißen Riesling und Sémillon – beide sind besonders anfällig für Edelfäule. Sehr gute Weine werden auch aus Chenin (Loire) und Gewürztraminer (Elsaß) gekeltert.

Süßweine mit all ihren vielen verschiedenen Stilen können ziemlich verwirrend sein; anhand der Farbe und des Preises kann man sich am leichtesten eine Übersicht verschaffen. Je heller die Farbe, desto leichter der Stil.

Preisgünstige Weine, auch die meisten Muscats, sind weniger süß als die Weine mit Edelfäule wie Sauternes oder hochkonzentrierte wie Eiswein oder Trockenbeerenauslese, deren Herstellung sehr kostspielig ist. Die Ziffern 1–5 auf den folgenden Seiten geben jeweils die Süße des betreffenden Weins an (Note 5 erhalten die süßesten).

Viele der teureren Dessertweine müssen eine Zeitlang reifen, um ihre anfängliche Süße auszugleichen. Vor allem deutsche Rieslinge können jung unerträglich süß sein und zeigen ihren Charme erst nach einigen Jahren Flaschenreifung. Chenin, die Sorte, aus der die Dessertweine Vouvray und Bonnezeaux von der Loire gekeltert werden, können eine «dumpfe» Phase durchmachen, während der sie recht langweilig sind, bevor sie sich in ihrer ganzen Majestät von Honigaromen entfalten. Wie ältere Rotweine sagen einem auch reife Süßweine vielleicht nicht auf Anhieb zu, aber sie lohnen es, wenn man sich weiter mit ihnen beschäftigt.

Die meisten Dessertweine sind in halben Flaschen erhältlich. Das reicht zum krönenden Abschluß eines Diners vollkommen aus.

## Zum Etikett

Folgende Ausdrücke besagen, daß der Wein süß ist: Botrytis, Late Harvest, Late Picked, Vendange Tradive, Moelleux, Liquoureux, Doux, Dulce. Der Alkoholgehalt spielt eine etwas weniger große Rolle als bei anderen Weinen: Ein südfranzösischer Muscat mit 15 Volumenprozent kann weniger süß schmecken als eine deutsche Beerenauslese mit sieben oder acht.

### Ausgangspunkte

| Leicht | Reich |
|---|---|
| Moscatel de Valencia | Muscat de Beaumes de Venise |
| Premières Côtes de Bordeaux | Late Harvest Riesling o. Sémillon |
| Coteaux du Layon | Tokajer |
| Sauternes | Vin Santo |
| **Sehr süß** | **Süße Rotweine** |
| Beerenauslese | Mavrodaphne de Patras |
| Trockenbeerenauslese | Südafrikanischer Muscadel |
| Eiswein | Recioto della Valpolicella |

**Oben** *Von der Edelfäule («Pourriture noble», «Botrytis cinerea») befallene Beeren sind kein appetitlicher Anblick, aber sie ergeben die üppigsten Weine mit Honigaromen; diese lassen sich jahrzehntelang lagern.*

**Linke Seite** *Warme Herbstnebel in den Appellationen Sauternes und Barsac, die vom Ciron, einem Nebenfluß der Garonne, aufsteigen, begünstigen die Entwicklung von Edelfäule, die diese Weine so charakteristisch schmecken läßt.*

## AUSBRUCH

3 Österreichische Klassifizierung für hochkonzentrierte Süßweine aus edelfaulen Beeren – die österreichische Antwort aus der Stadt Rust und Umgebung auf SAUTERNES, wenn Sie so wollen. ☆☆

## AUSLESE

2 Die Bezeichnung für deutsche Weine aus besonders reifen Trauben. Im allgemeinen süß (aber es gibt auch trockene Versionen), aber nicht so süß wie BEERENAUSLESE. Die Qualität schwankt ziemlich, von etwas kränklichen Kommerzweinen bis zu hervorragenden, konzentrierten, eleganten RIESLINGEN von Einzelwinzern. Die Bezeichnung gibt es auch in Österreich. ☆→☆☆☆

## BARSAC

2-3 Der Name der berühmtesten Einzelgemeinde in SAUTERNES. Sie hat ihre eigene Appellation, darf ihre Weine aber auch einfach Sauternes nennen. Darunter sind einige der allerbesten, z. B. Château Climens. ☆☆→☆☆☆

## BEERENAUSLESE

4 Für den nächsthöheren «Süßegrad» nach AUSLESE braucht es noch reifere, meist edelfaule Beeren. Der Wein ist sehr süß, wird aber durch einen hohen Säuregehalt balanciert. ☆☆→☆☆☆

## BONNEZEAUX

3 Das ist der eine große Süßwein von der Loire, der andere ist Quarts de Chaume. Beide werden aus der Sorte Chenin Blanc gewonnen, sind frühestens nach zehn Jahren auf ihrem Höhepunkt und halten sich dann jahrzehntelang. ☆☆☆

## BOTRYTIS CINEREA

3 Der lateinische Name des Pilzes, der die Edelfäule bewirkt (vgl. S. 92). In der Neuen Welt wird sie zumeist künstlich hervorgerufen. ☆☆→☆☆☆

## COTEAUX DE L'AUBANCE

1-2 Eines der bestgehüteten Geheimnisse der Loire. Die kleine Appellation im Norden der COTEAUX DU LAYON keltert elegante Weine aus Chenin Blanc, die sehr rar sind. ☆☆→☆☆☆

## COTEAUX DU LAYON

1-2 Die große Appellation am Layon, einem Zufluß der Loire, erzeugt eine breite Palette von Weinen aus Chenin Blanc, vom einfachen halbtrockenen Weißwein bis zu reichen, komplexen Gewächsen aus einzelnen Gemeinden wie Chaume und Rablay. ☆☆→☆☆☆

## EISWEIN

5 Der süßeste aller Dessertweine wird aus gefrorenen Beeren gekeltert, die oft erst im Januar gelesen werden. Die Spezialität der nördlichen Anbaugebiete Deutschlands und Österreichs wird zunehmend auch in Kanada und im Staat Washington erzeugt, wo sie Icewine heißt. Wegen der geringen Erträge und der großen Beliebtheit, die er vor allem bei fernöstlichen Käufern genießt, ausgesprochen teuer. ☆☆☆

## GEWÜRZTRAMINER

2 Die Sorte eignet sich sehr für Dessertweine; insbesondere das Elsaß ist berühmt für seine kräftigen, reichen Weine VENDANGE TARDIVE und SÉLECTION DES GRAINS NOBLES. Ihr deutlich aromatischer Charakter kann sich im Lauf der Zeit verlieren. ☆☆☆

## GRAVES SUPÉRIEURES

2 Eine etwas weniger bekannte Bordeaux-Appellation, aus der einige verhaltene Süßweine stammen, aber doch nur ein Fingerzeig auf ihre besonders üppigen Nachbarinnen SAUTERNES und BARSAC. ☆

## JURANÇON MOELLEUX

2 Ein eleganter Dessertwein mit Honigaromen aus Südwestfrankreich südlich der Stadt Pau, unweit der spanischen Grenze aus lokalen Sorten, hauptsächlich Petit Manseng. ☆☆→☆☆☆

## LATE HARVEST, LATE PICKED

3 Der englische Ausdruck für VENDANGE TARDIVE («Spätlese») wird vor allem in der Neuen Welt für Süßweine aus überreifen Trauben gebraucht. ☆→☆☆

## MAVRODAPHNE DE PATRAS

3 Ein exotischer, üppiger roter Dessertwein, der an Portwein erinnert; einer der besten – und günstigsten – Weine zu Schokolade. ☆

## MONBAZILLAC

2 Der Süßwein aus den Sorten SÉMILLON und Sauvignon aus der Region Bergerac in Südwestfrankreich wird ähnlich hergestellt wie SAUTERNES, erreicht dessen Qualität aber nicht ganz. Die besten sind allerdings echte Schnäppchen. ☆☆

## MONTLOUIS

3 Die Nachbar-Appellation von VOUVRAY ist wesentlich weniger bekannt. Im honigartigen Stil sind sie dem berühmteren Nachbarn vergleichbar, aber nicht so fein. Ein wenig Dessertwein mit Edelfäule wird in Ausnahmejahren auch in der Appellation Jasnières gewonnen. ☆☆☆

## MOSCATEL DE VALENCIA

1 Der leichte, erfrischende, traubige Muskateller aus Spanien hat ein besonders gutes Preis-Leistungs-Verhältnis. Man erkennt ihn oft an der mattierten, schlanken Flasche. ☆

## MOSCATO PASSITO DI PANTELLERIA

3 Der goldfarbene Muskateller erinnert an Aprikosen und wird nach der *Passito*-Methode aus Trauben gekeltert, die man so lange auslegt, bis sie wie Rosinen aussehen. ☆☆

## MUSCADEL

3 Aus der dunkleren südafrikanischen Spielart der Muskatellertraube wurde der berühmte verstärkte Wein Südafrikas Constantia gewonnen, aber auch ein üppiger, süßer Dessertwein, der an Port erinnert. ☆

## MUSKATELLER (MUSCAT, MOSCATO, MOSCATEL)

1-3 Aus der Muskatellertraube werden weltweit erstaunlich verschiedenartige Weine gekeltert – vom frischen, traubigen MOSCATEL DE VALENCIA bis zu den üppigen Liqueur Muscats mit Karamelgeschmack der Rutherglen-Region in Australien. Es gibt über zweihundert Spielarten, die beiden weitestverbreiteten sind Muscat Blanc à Petits Grains und Muscat d'Alexandrie, von denen jede mehrere Synonyme hat. Der Wein, den man daraus gewinnt, ist oft ein *Vin doux naturel*, ein alkoholverstärkter Wein. Dennoch wird Muskateller als Dessertwein angesehen. Weine von Frontignan und Beaumes-de-Venise (s. S. 96) werden in Frankreich sogar gerne als Aperitif serviert. Australischer Liqueur Muscat gehört eindeutig zu den gespriteten Weinen (s. S. 103), die Schaumweine (Moscato) werden auf S. 90 behandelt. ☆→☆☆☆

## MUSCAT D'ALSACE

2 Im Elsaß wird Muskateller üblicherweise trocken ausgebaut, aber ein paar Winzer erzeugen eine süßere VENDANGE TARDIVE – in der Regel ebenso elegant wie teuer. ☆☆☆

### Speisen und Anlässe

*Süßweine bieten sich als Begleitung zu einer Nachspeise geradezu an, doch man kann sie auch wie in Frankreich zum Aperitif servieren. Als Faustregel gilt, daß der Wein süßer sein sollte als das Dessert. Leichtere Weine wie Muscat und süßer weißer Bordeaux passen am besten zu Fruchtaromen, insbesondere Nachspeisen aus Äpfeln, Birnen oder Pfirsichen (rote Früchte sind heikel, wenn sie nicht durch Sahne neutralisiert werden). Üppigere Nachspeisen, z. B. Schokoladecreme oder -kuchen, verlangen eher nach kräftigeren Weinen wie australischem Liqueur Muscat oder rotem Süßwein.*

## MUSCAT DE BEAUMES-DE-VENISE

3 Der bekannte, üppige Süßwein aus dem südlichen Rhonetal ist zwar heute etwas weniger in Mode als einst, aber immer noch einer der geeignetsten Dessertweine für «Einsteiger». ☆☆

## MUSCAT DE FRONTIGNAN

3 Ursprünglich der wichtigste Muskatellerwein aus dem Languedoc, wird Frontignan, wie er neuerdings heißt, heute in einem viel leichteren Stil vinifiziert als die dunklen Weine mit Rosinenaroma, die in der Gegend früher vorherrschten. Weine in ähnlichem Stil sind Muscat de Lunel, Muscat de Miréval, Muscat de Rivesaltes und Muscat St-Jean-de-Minervois. ☆

## ORANGE MUSCAT

3 Dieser charakteristische MUSCAT-Stil wurde duch den initiativen Andrewe Quady in Kalifornien und die Brown Brothers in Australien propagiert: üppig und likörartig, mit sehr deutlichem Orangenschalenaroma. ☆☆

## PACHERENC DU VIC BILH – Moelleux

2 Der seltene, angesehene Dessertwein aus dem Vorgebirge der Pyrenäen in Südwestfrankreich wird in ähnlichem Stil vinifiziert wie der Wein aus dem Nachbargebiet JURANÇON. ☆☆→☆☆☆

## PREMIÈRES CÔTES DE BORDEAUX

2 Das große Gebiet am rechten Ufer der Garonne produziert heute mehr trockenen Weißwein, Rosé und Rotwein als Dessertwein. Einfacher süßer Premières Côtes de Bordeaux ist selten etwas Besonderes, gute Weine im SAUTERNES-Stil werden aber in einzelnen Gemeinden wie Cadillac und den bekannteren Loupiac und Ste-Croix-du-Mont erzeugt. ☆☆

## RECIOTO DELLA VALPOLICELLA

3 Der nahezu unbekannte süße rote Dessertwein wird aus derselben Sorte gekeltert wie Valpolicella (vgl. S. 65), doch die Trauben werden mehrere Monate lang auf Strohmatten zum Trocknen ausgelegt. Der noch seltenere Recioto di Soave wird in ähnlicher Weise hergestellt, allerdings aus weißen Trauben. ☆☆

## RIESLING

2 Die Sorte ergibt die besten und feinsten Dessertweine Deutschlands. Ihr hoher Säuregehalt vermag die intensive Süße perfekt auszubalancieren. Die Sorte ist auch im Elsaß, in Österreich und in der Neuen Welt beliebt und verbreitet, vor allem in Australien, wo sie gerne zu LATE-HARVEST- und BOTRYTIS-Weinen verarbeitet wird. ☆☆→☆☆☆

## SAUTERNES

3 Eine der wenigen Gegenden der Welt mit idealen Bedingungen für Edelfäule. Zu Recht zählen die Sauternes-Weine zu den besten der Welt. Sie werden zur Hauptsache aus der Sorte SÉMILLON gekeltert, der etwas Sauvignon und auch Muscadelle hinzugefügt wird. Die jungen Weine haben leichte Honig- und Zitrusnoten, die sich im Laufe der Zeit zu üppigeren Aromen von Nüssen, trockenen Aprikosen, Feigen und gerösteten Haselnüssen verdichten. Die Weine der höchsten Qualität können den Namen einer der fünf Gemeinden der Region tragen; der bekannteste ist BARSAC. Das berühmteste Gut ist das legendäre Château d'Yquem; seine Spitzenjahrgänge können über 100 Jahre alt werden. ☆☆→☆☆☆

## SÉLECTION DES GRAINS NOBLES (S. G. N.)

4 Der süßeste und auch teuerste Elsässer Wein wird aus handverlesenen überreifen, oft edelfaulen Trauben der Sorten MUSCAT, Pinot Gris, RIESLING oder GEWÜRZTRAMINER gewonnen. ☆☆☆

## SÉMILLON

3 Das Rückgrat der SAUTERNES und der anderen Süßweine von Bordeaux und Bergerac. Die Sorte ist dank ihrer dünnschaligen Beeren sehr anfällig für Edelfäule. Auch in Australien verarbeitet man sie gerne zu LATE-HARVEST und BOTRYTIS-Weinen. ☆☆

## TOKAJER

4 Tokaji, wie die Ungarn ihn nennen, ist unbestritten einer der großen klassischen Dessertweine der Welt; seit über dreihundert Jahren wird er nachweislich produziert. Am weitesten verbreitet ist Tokaji Aszú, ein überaus reicher, golfarbener Wein mit üppigen Feigen-,

Rosinen- und Aprikosenaromen. Er wird nach der Zahl von «puttonyos» (Butten) klassifiziert, die er enthält. Das sind 20-Liter-Behälter voll edelfauler Beeren, die dem normalen Wein vor der zweiten Gärung hinzugefügt werden. Wein mit drei Puttonyos ist am wenigsten süß, Wein mit sechs der süßeste. Der seltenste Tokajer ist die Eszencia, sie entsteht aus dem Most, der schon vor dem Keltern aus den Aszú-Trauben rinnt. ☆☆

## TROCKENBEERENAUSLESE

5 Der deutsche Dessertwein TBA wird nur in Ausnahmejahren und aus handverlesenen edelfaulen Beeren gewonnen. Daraus entsteht ein intensiv süßer Wein mit lebhafter Säure, die dafür sorgt, daß er nicht klebrig und überladen wirkt. Häufiger treten ideale Bedingungen für TBA allerdings im Burgenland in Österreich ein, wo deswegen Weine zu vernünftigeren Preisen erzeugt werden. Der innovative österreichische Winzer Willi Opitz keltert sogar eine rote TBA. ☆☆☆

## VENDANGE TARDIVE

2 Wörtlich «Spätlese», entspricht im Elsaß der deutschen Auslese. Die Weine sind zumeist süß. ☆☆→☆☆☆

## VIN DE PAILLE

4 Die Spezialität aus dem französischen Jura wird aus Trauben gewonnen, die zum Trocknen auf Strohmatten (*Pailles*) ausgelegt worden sind. Der Wein ist intensiv süß und schmeckt beinahe wie Sherry. Strohwein wird auch in Deutschland und Österreich (unter dem Namen Schilfwein) erzeugt; hier ist er allerdings eher leichter. ☆→☆☆

## VIN SANTO

3 In den letzten Jahren kam Vin Santo wie andere Weine aus der Toskana ausgesprochen in Mode und wurde dementsprechend teuer. Er wird aus Trauben gekeltert, die zum Trocknen entweder aufgehängt oder ausgelegt worden sind, und bis zu sechs, acht Jahren im Faß ausgebaut. Der goldfarbene Wein mit Nuß- und Mandelaromen wird traditionellerweise zum Schluß einer Mahlzeit mit trockenem Mandelgebäck (*Cantuccini*) aufgetischt. ☆☆→☆☆☆

## VOUVRAY MOELLEUX

3 Vouvray gibt es trocken und halbtrocken (demi-sec), aber auch ein paar der besten Süßweine der Loire werden in Vouvray aus der Sorte Chenin Blanc gewonnen. Sie tragen die Bezeichnung «moelleux», die allersüßesten «liquoreux». Die jungen Weine haben süße Honigaromen, doch auch nach mehreren Jahrzehnten kann ein Vouvray moelleux noch frisch und fruchtig schmecken. ☆☆→☆☆☆

### Lagerung und Servieren

*Die meisten preisgünstigeren Dessertweine, vor allem Muscat, sollten jung getrunken werden, damit das frische, traubige Aroma voll und unverfälscht zur Geltung kommen kann. Viele Dessertweine, besonders aus Bordeaux und von der Loire, können, ja müssen viel länger gelagert werden. Die meisten gewinnen dadurch, daß Sie sie gut gekühlt servieren – kredenzen Sie sie in eher kleinen Gläsern, damit sie sich nicht zu rasch erwärmen. Einmal geöffnet, halten sich Dessertweine viel länger als trockene Weine, eine Woche mindestens, Tokajer und Vin Santo bis zu einem Monat.*

# SHERRY

Sherry, Portwein und Madeira sind bei weitem nicht mehr so beliebt wie einst. Heute trinken zwar viel mehr Menschen regelmäßig Wein, doch meiden viele zu alkoholstarke Sorten. Die verstärkten Weine gehören aber zu den besten der Welt, und ihr Preis steht zum Aufwand, mit dem sie produziert werden, in keinem Verhältnis.

Ein verstärkter Wein wird aufgespritet, d. h. man setzt ihm Alkohol zu; entweder, um die Gärung zu stoppen wie beim Portwein oder Muscat – dann behält der Wein eine gewisse Süße – oder um einem trockenen (Sherry) mehr Kraft zu verleihen. Ursprünglich ging es dabei nur darum, den Wein haltbarer zu machen, heute ist das Aufspriten zum individuellen Stilmittel geworden.

Am leichtesten ist Sherry Fino mit 15,5 Volumenprozent, ein kräftiger Jahrgangs-Port oder Madeira bringt es schon mal auf über 20 %.

## Sherry heißt auf spanisch Jerez

Für den Export produziert Spanien auch eine süßere Variante, doch der Wein, den man in Spanien selbst trinkt, ist ganz anders: knochentrocken, köstlich, kühl – ein Erlebnis.

Nur der Wein aus dem Gebiet zwischen Sanlúcar de Barrameda, Puerto de Santa María und Jerez de la Frontera darf sich Sherry nennen – der Name ist die englische Verballhornung von «Jerez». Das heiße, trockene Klima und die einzigartigen Kreideböden ergeben diesen einmalig trockenen und doch gehaltvollen Wein.

Die beiden Hauptstile sind Fino und Oloroso. Beide werden aus der Palomino-Traube gekeltert, aber ganz verschieden ausgebaut. Der leichtere Fino wird nach dem Aufspriten auf Eichenfässer umgezogen, die nicht ganz gefüllt werden, und entwickelt dort eine dicke, *Flor* genannte Hefeschicht, unter der er reift und die ihm die charakteristische Finesse verleiht. Oloroso wird auf 18 Volumenprozent verstärkt – da kann sich keine Florhefe mehr bilden. Er reift zu einem reicheren, dunkleren Wein.

Charakteristisch für die Sherry-Produktion ist das *Solera*-System: Die Fässer werden in den Kellern, den *Bodegas*, in mehreren Reihen übereinander gelagert. Aus der untersten Reihe wird der reife Wein auf Flaschen gezogen, aus den oberen Fässern wird nachgefüllt, der jeweils jüngste Jahrgang kommt in die obersten Fässer. So frischt jüngerer Wein den älteren, komplexeren immer wieder auf und nimmt umgekehrt dessen Charakter an. Von der obersten Faßreihe bis in die Flasche dauert es vier bis fünf Jahre (drei Jahre ist die Mindestreifezeit).

### Leicht und trocken
### FINO

Der leichteste Sherry-Stil, frisch, trocken und mit der charakteristischen Finesse, die von der dicken Florhefeschicht herrührt, unter welcher der Wein heranreift. Tío Pepe ist der berühmteste. Finos für den Export sind oft weicher und süßer. ☆→☆☆

### MANZANILLA

Sherry mit diesem Namen kommt aus der Hafenstadt Sanlúcar. Er ist im allgemeinen noch etwas trockener als FINO und hat einen unverwechselbaren leichten Salzgeschmack. ☆☆

### Leicht und süß
### PALE CREAM SHERRY

Ein leichter, weicher FINO, für den Exportmarkt gesüßt. ☆

### Reich und trocken
### AMONTILLADO SECO

Ein FINO, der über das Florhefestadium hinaus so lange gereift ist, bis er eine tiefdunkle Goldfarbe und einen köstlich trockenen Nußgeschmack («nutty») angenommen hat. ☆☆→☆☆☆

### OLOROSO SECO

Dunkler und intensiver als AMONTILLADO, mit reichem Trauben- und Feigengeschmack. ☆☆→☆☆☆

### PALO CORTADO

Dieser Stil ist etwas reicher als ein trockener AMONTILLADO, aber nicht ganz so konzentriert wie ein OLOROSO. ☆☆→☆☆☆

### Reich und süß
### AMONTILLADO MEDIUM DRY

«Medium dry» heißt zwar halbtrocken, doch der so bezeichnete Amontillado schmeckt ziemlich süß. ☆

### OLOROSO DULCE

Süßer Oloroso ist einer der allerschönsten Weine, um ein Diner krönend zu beschließen: dunkel und verschwenderisch süß – wie ein flüssiger Christmas Pudding. ☆☆→☆☆☆

### CREAM SHERRY

Die britische Version eines OLOROSO DULCE: ebenso süß, aber ohne dessen ausgleichende Geschmackstiefe. ☆

### PEDRO XIMÉNEZ

Ein außergewöhnlich intensiver, dunkler melasseartiger Sherry aus der gleichnamigen Traubensorte (kurz P.X.), der zu OLOROSO DULCE verschnitten wird. Es gibt ihn aber auch reinsortig; als Topping auf Vanilleeis schmeckt er sensationell. ☆☆

### MONTILLA und andere Weine Sherry-Stil

Eine Reihe von Weinen sind dem Sherry im Stil ganz ähnlich, erreichen aber selten dessen Finesse: in Spanien selbst Montilla-Moriles, aus Südafrika kommt der Cape White Jerepigo, der einem trockenen AMONTILLADO ähnelt, aus dem französischen Jura der Vin Jaune im Stil eines FINO. ☆→☆☆☆

### Speisen und Anlässe

*Haben Sie keine Hemmungen, Sherry anzubieten! Er ist überhaupt kein langweiliger Drink – im Gegenteil: Fino und trockener Amontillado sind als Aperitif perfekt. Fino ist der klassische Wein zu kleinen spanischen Häppchen, Tapas, und paßt hervorragend zu gut gewürzten Gerichten, klaren Suppen, Meeresfrüchten und Fisch. Gehaltvollerer Sherry, z. B. ein trockener oder süßer Oloroso, ist eine gute Alternative zu Portwein als Begleiter einer Käseplatte oder als Abschluß eines Diners.*

### Lagerung und Servieren

*Fino und Manzanilla sollten eiskalt und möglichst frisch getrunken werden (innerhalb von 48 Stunden nach Öffnen der Flasche). Die übrigen Sherrys sollten mit Zimmertemperatur serviert werden, die Flasche sollte innerhalb weniger Wochen ausgetrunken sein. Sherry wird nicht dekantiert.*

# PORTWEIN

Port ist einer der wohltuendsten Weine der Welt: ein stiller Begleiter, wenn Sie sich mit einem guten Buch zurückziehen, der krönende Abschluß eines Festmahls und ein wärmender Gutenachtschluck.

Er entstand im 18. Jh. in Portugal, als es darum ging, einen Wein zu produzieren, der die Überfahrt nach England überstehen konnte, und noch heute wird er von Traditionen beherrscht: In den steilen Rebbergen, die den Douro flankieren, ist nur Handarbeit möglich, die Trauben werden teilweise noch heute mit den bloßen Füßen gestampft, die archaischen Rituale um das Portwein-Trinken sind Zeugen einer vergangenen Welt. Die Bezeichnungen der einzelnen Stile und die Namen der großen Portweinhäuser zeigen, wie eng die Briten mit diesem Wein noch heute verbunden sind: Cockburn's, Graham's, Taylor's, Warre's …

Portwein wird aus einer Vielzahl von einheimischen portugiesischen Sorten gewonnen; die verbreitetsten sind Touriga Nacional, Touriga Francesca, Tinta Barroca, Tinta Cão und Tinta Roriz. Der halbvergorene Wein wird mit hochprozentigem Branntwein verschnitten, der die Gärung stoppt, so daß ein Teil des Traubenzuckers unvergoren bleibt. Der Wein reift dann während mehrerer Jahre in Eichenfässern, bevor er mit jüngeren oder älteren Jahrgängen verschnitten und auf Flaschen gezogen wird. Wein aus den besten Jahren wird als Jahrgangs-Port («Vintage Port») deklariert und kommt früher in die Flasche, wo er während Jahrzehnten langsam reift.

Portwein wird nach seiner Farbe benannt: der junge, rubinrote Wein heißt «Ruby Port», der ältere, braungelbe, sherryähnliche «Tawny». Welcher Stil Ihnen besser zusagt, ist eine Frage des persönlichen Geschmacks.

Eine wichtige Rolle spielt auch das Alter eines Portweins: Der Unterschied zwischen einem jungen, fruchtigen Ruby Port und einem reifen Jahrgangsport ist natürlich größer als zwischen einem einfachen Ruby und einem einfachen Tawny.

## Weine ähnlichen Stils

Das Land, das die eindeutig ähnlichsten Weine herstellt, ist Australien. Sie kommen als Tawny oder Aged Tawny auf den Markt, sind aber süßer als echter Tawny Port – eher wie ein australischer Liqueur Muscat. Auch in Kalifornien und Südafrika gibt es portähnliche Weine, aber am nächsten kommen im Stil die verstärkten Weine aus dem Roussillon: Banyuls, Maury und Rivesaltes (vgl. S. 103).

### RUBY PORT

Ein Verschnitt verschiedener Weine, der nach zwei bis drei Jahren Lagerung im Faß, Zement- oder Stahltank abgefüllt wird. Einfach und süß. ☆

### VINTAGE CHARACTER

Der Name ist leicht zu verwechseln mit «Vintage Port», der Wein aber nur ein bißchen besser als einfacher RUBY PORT. ☆

### LATE BOTTLED VINTAGE (LBV)

Portwein mit dieser Bezeichnung stammt aus einem einzelnen Jahr und ist während vier bis sechs Jahren im Faß gereift. Danach kommt er normalerweise auf den Markt, ein paar Produzenten lagern ihn aber auch noch in der Flasche wie VINTAGE PORT. LBV ist viel komplexer als einfacher RUBY PORT und hat wärmende Würze. ☆☆

### VINTAGE PORT (Jahrgangs-Port)

Die Portweinproduzenten «deklarieren» nicht jedes Jahr einen «Vintage Port», nur in besonders guten Jahren. Vintage Ports werden bereits nach zwei Jahren auf Flaschen gezogen und verkauft, sollten dann aber mindestens noch zehn bis zwanzig Jahre reifen. Dabei entsteht eine starke Ablagerung, die «Kruste». Der Wein ist üppig, komplex und erinnert im Aroma an Pflaumen, Rosinen und Schokolade. ☆☆☆

### CRUSTED PORT

Einem VINTAGE PORT ähnlich, stammt aber aus verschiedenen Jahrgängen. Er kommt ein wenig später auf die Flasche, wo er weitere drei, vier Jahre reift und einen etwas leichteren Stil entwickelt. ☆☆

### TAWNY PORT

Schlichter Tawny wird in der Regel aus einfachen Weinen hergestellt und mit WHITE PORT verschnitten, damit er seine bernsteinhelle, charakteristische «Tawny»-Farbe erhält. ☆

### ZEHNJÄHRIGER TAWNY

Der beliebteste und bekannteste Tawny schmeckt, nachdem er zehn Jahre im Faß gereift ist, nach Nüssen und Karamelbonbons. ☆☆

### 20, 30 UND 40 JAHRE ALTER TAWNY

Mit zunehmendem Alter entwickelt ein TAWNY PORT einen reichen, cremigen, nussigen, enorm eleganten Stil. Dreißig- oder vierzigjähriger Tawny ist sehr selten, hat ausgeprägt nussige Röstaromen und ist schon beinahe wieder trocken. ☆☆☆

### COLHEITA

Ein TAWNY PORT aus einem einzelnen Jahr, der mindestens sieben Jahre Faßausbau hinter sich hat. Ausgeprägter im Charakter als der durchschnittliche ZEHNJÄHRIGE TAWNY. ☆☆

### SINGLE QUINTA

Ein Qualitätswein von einem einzelnen Gut (*Quinta*) aus einem Jahr, in dem kein Jahrgangs-Port deklariert wurde. Er kommt nach rund zehn Jahren auf den Markt und ist etwas leichter als VINTAGE PORT, aber vor allem deutlich billiger. ☆☆

### WHITE PORT

Weißer Portwein ist zumeist halbtrocken und wird im Sommer gerne mit Tonic getrunken. Trockenere Versionen sind frischer, nussiger im Geschmack. ☆

### Speisen und Anlässe

*Allzuoft wird Portwein am Ende eines ohnehin schon schweren Essens serviert. Ein besserer Begleiter ist er zu einem kleinen Imbiß wie Käse, Crackers oder auch einem Stück Kuchen. Reifer Tawny ist ein stilvoller Aperitif.*

### Lagerung und Servieren

*Daß aller Portwein dekantiert werden müsse, gehört ins Reich der Legenden. Nur Jahrgangs-Port, Crusted Port und Single Quinta bilden eine «Kruste», ein so starkes Depot, daß ein Dekantieren nötig ist. Eine einmal geöffnete Flasche Port sollte man innerhalb eines Monats austrinken. Die größte Gefahr, besonders bei Jahrgangs-Port, ist jedoch, daß man ihn zu früh öffnet. Bevor er zehnjährig ist, sollten Sie nicht einmal im Traum daran denken. Servieren Sie Portwein mit Zimmertemperatur; Tawny allerdings schmeckt leicht gekühlt köstlich.*

# MADEIRA UND WEITERE VERSTÄRKTE WEINE

Madeira sei zum Kochen gerade gut genug, lautet das Vorurteil. Doch guter Madeira gehört zu den größten verstärkten Weinen der Welt und läßt sich buchstäblich jahrhundertelang lagern.

Der Wein verdankt seinen Stil einer zufälligen Entdeckung: Während der langen Seereisen über den Äquator erwärmte er sich im Bauch der Segelschiffe. Heute wird er auf der portugiesischen Atlantikinsel Madeira selbst in *Estufas* (großen Zementtanks oder geheizten Räumen) erwärmt, der beste Wein reift langsamer und bei nur 25 °Celsius.

Madeira gibt es in vier verschiedenen Stilen, die nach den Sorten benannt sind, aus denen er gekeltert wird. Allen gemeinsam ist ein hoher Säuregehalt. **Sercial** ist der trockenste, leicht, spitz und frisch, mit einem zarten Honigaroma und charakteristischer Säure. Er ist in der Regel voller im Geschmack als ein Sherry Fino und entwickelt mit der Zeit einen trockenen Mandelgeschmack. Wie Fino ist er gekühlt ein guter Aperitif. **Verdelho** hat einen volleren Nußgeschmack, eher wie ein Amontillado. Es gibt ihn auch mittelschwer und etwas weniger trocken.

**Bual** ist deutlich süß, mit vollem Körper, Rosinen- und Nußgeschmack und einem duftigen, etwas rauchigen Charakter – ein ebenso guter Begleiter zu Käse wie ein Tawny Port. **Malmsey** ist der süßeste Madeira, sein Name ist eine Verballhornung der süßen Sorte Malvasia. Der Wein ist überaus üppig, von melassedunkler Farbe und tief im Geschmack – wie ein reifer Früchtecake –, doch dank seines hohen Säuregehalts ist er überhaupt nicht klebrig: für jedes Diner ein spektakuläres Finale.

Ein Großteil des Weins mit der Bezeichnung Madeira wird aus der Sorte Tinta Negra Mole produziert. Der Wein heißt auf dem Etikett dann einfach nur Madeira (mit dem Zusatz «dry», «medium dry», «sweet» oder, etwas irreführend, «finest»). Tinta Negra Mole ist die bei weitem am häufigsten angebaute Rebsorte Madeiras.

Einfacher Madeira kommt drei Jahre nach der Wärmebehandlung (*Estufagem*) auf den Markt, eine Reserve nach fünf Jahren, Special Reserve erst nach zehn. Jahrgangsweine reifen zwanzig Jahre im Faß, weitere zwei in der Flasche und halten spielend zwanzig, dreißig, ja vierzig Jahre. Es gibt auch «Solera Madeiras» mit der Jahreszahl, als die *Estufagem* begann, z. B. «Solera 1900». (Sie sind nicht mit Jahrgangs-Madeira zu verwechseln, der nur aus Trauben eines Jahres gewonnen wird.).

## AUSTRALISCHER LIQUEUR MUSCAT

Man nennt ihn auch «Sticky», und klebrig ist der dunkle, süße Muskatellerwein, eine Spezialität der Rutherglen-Region in Victoria, mit seinem üppigen Melasse-Karamel-Geschmack in der Tat. ☆☆

## BANYULS, MAURY UND RIVESALTES

Diese drei verstärkten Weine aus dem Roussillon in Südfrankreich werden zur Hauptsache aus der Grenache-Traube gewonnen. Jung erinnern sie an Rosinen und Portwein, ältere Weine werden oft in einem Stil ausgebaut, den man *Rancio* nennt: Der Wein ist oxidiert und erhält dadurch einen «ranzigen» Nußgeschmack, an den man sich erst einmal gewöhnen muß. ☆☆

## MÁLAGA

Diesen Wein gibt es wie Sherry in ganz verschiedenen Stilarten, aber meistens denkt man an den rosinensüßen, dunklen Wein namens Dulce. Er wird in Andalusien aus der Sorte Pedro Ximénez (derselben Sorte, die den süßesten Sherry ergibt) und ein wenig Moscatel gewonnen. Er ist eigentlich kein reiner verstärkter Wein, sondern wird in einer merkwürdigen Mischtechnik hergestellt: zum Teil gespritet, zum Teil aus getrockneten, vergorenen Beeren und zum Teil aus einem eingekochten, dunklen, sirupartigen Traubensaft-Konzentrat. Bevor er auf den Markt kommt, muß er mindestens zwei Jahre in einer Art *Solera* (vgl. S. 98–99) im Eichenfaß reifen. ☆→☆☆

## MARSALA

Diese sizilianische Spezialität ist heute in der Küche bekannter als im Weinglas. Wie MÁLAGA gibt es ihn in verschiedenen Stilarten, doch die dunkleren, süßeren trifft man am häufigsten an. Der Wein wird aus den lokalen Sorten Grillo und Cataratto gewonnen, auf mindestens 17 Volumenprozent aufgespritet, mit Traubensaft-Konzentrat gesüßt und ein Jahr oder länger im Eichenfaß gelagert. Die einfachste Qualität heißt Fine, Superiore muß einen Alkoholgehalt von 18 % aufweisen und zwei Jahre gereift sein, Superiore Riserva deren vier. Die Weine werden auch nach ihrer Farbe eingeteilt – *ambra* (Bernstein), *oro* (Gold) und *rubino* (für Weine aus roten Sorten) – und nach ihrer Süße – *secco* (trocken), *semisecco* (halbtrocken) und *dolce* (süß). Der angesehenste Marsala ist jedoch Vergine, ein feiner, trockener, Wein mit elegantem Nußgeschmack, der mindestens fünf Jahre reifen muß. ☆☆

## RASTEAU

Der Name einer Côtes-du-Rhône-Gemeinde und eines verstärkten Weins mit Pflaumengeschmack, im Stil den Weinen aus Roussillon – BANYULS, MAURY und RIVESALTES – sehr ähnlich. ☆☆

## SETÚBAL und gehaltvoller Moscatel und Muscat

Körperreiche, oft melassedunkle Moscatels wie Setúbal sind in ganz Spanien und Portugal beliebt und verbreitet (vgl. MÁLAGA), werden aber kaum exportiert. Auch in Griechenland werden gute, volle Weine aus der Muskatellertraube gewonnen, z. B. Muscat de Lemnos, Samos Vin Doux Naturel und Visanto von der Insel Santorin. ☆→☆☆

### Lagerung und Servieren

*Servieren Sie diese Weine so wie andere alkoholverstärkte Weine: trockenere als Aperitif, süßere als Abschluß einer Mahlzeit. Madeira ist der einzige Wein, der sich tatsächlich auch in einer angebrochenen Flasche praktisch ewig hält. Eine Flasche Marsala kann auch in der Küche nützlich sein – für Saucen so gut wie für Zabaione.*

# WEIN UND ESSEN

Wie der Wein hat sich auch das Essen in den letzten Jahren geändert: Unser früher ziemlich beschränkter Speisezettel hat sich in ein wahres Füllhorn von Aromen und Zutaten verwandelt. In Teilen Frankreichs und Italiens kocht man zwar auch heute noch immer so wie schon die Eltern, doch in Ländern mit weniger traditionsverhafteter Kochkultur übernimmt man Ideen und Rezepte aus allen Ecken der Welt.

Diese Revolution hat zur Folge, daß ein Haufen traditioneller «Regeln» bezüglich der Kombination von Essen und Wein nicht mehr gelten. Früher einmal war der Rat, zu Fisch keinen Rotwein zu trinken, sinnvoll: Ein zarter Fisch aus dem Sud paßte (und paßt) nicht zu einem adstringierenden, gerbstoffreichen Rotwein. Aber marinieren Sie Fisch kräftig, legen Sie ihn auf den Grill, servieren Sie einen fruchtigen Pinot Noir dazu – das schmeckt sensationell!

Es ist nicht richtig, feste Regeln aufzustellen. Auch wenn man von einem bestimmten Gericht sagt, es passe üblicherweise zu diesem oder jenem Stil von Wein, hängt schließlich alles davon ab, wie dieses Gericht gekocht worden ist, ob die Flasche typisch ist für den betreffenden Stil – und, was am wichtigsten ist: Ob Sie persönlich diese Geschmackskombination mögen.

Es lohnt sich dennoch, einen Wein zu suchen, der einigermaßen zu einem Essen paßt. Ein Blick auf die folgenden sechs Punkte sollte Ihnen helfen, Fehler zu vermeiden.

**Reihenfolge:** Die Faustregel «Weiß vor Rot» mag veraltet sein, doch bei den meisten Mahlzeiten ist es sinnvoll, trockenere Weine vor süßeren, jungere vor älteren und leichtere vor schwereren auszuschenken.

**Geschmacksintensität:** Sinnvoller als die Regel «Rot zu Fleisch, Weiß zu Fisch» ist es, die Schwere und Geschmacksintensität eines Gerichts zu berücksichtigen. Ein gehaltvolles ruft nach einem gehaltvollen Wein (der rot, aber auch weiß sein kann), ein leichteres nach einem leichteren Wein. Letztlich kommt es auf die Zubereitungsart an: Rohes, gedünstetes oder gekochtes Essen verlangt eher nach leichten, gebratenes oder gegrilltes nach kräftigeren Weinen.

**Welche Aromen dominieren?** Oft bestimmt ein Gewürz oder eine Sauce den Gesamtgeschmack eines Gerichts. Es ist sinnvoller, sich darauf zu konzentrieren, welche Weine z. B. zu einer mediterranen

Tomaten-Knoblauch-Sauce bzw. zu einem pfannengerührten Thaigericht passen, als sich zu fragen: Welcher Wein zu Hähnchen bzw. Schweinefleisch?

**Verstärkung oder Kontrast?** Wenn Sie einen Wein zum Essen wählen, entscheiden Sie sich stets für eins von beiden: Entweder verstärken Sie die Aromen und den Geschmack des Gerichts, oder Sie suchen einen Kontrast.

Wenn Sie z. B. ein Hähnchen an Pilzrahmsauce servieren, können Sie entweder einen weichen, trockenen Weißwein wie Chardonnay mit ähnlich cremiger Beschaffenheit wählen – oder einen aromatischen Weißwein wie Riesling, der eine exotische Note beisteuert.

Wenn Sie unsicher sind, denken Sie einfach wie ein Koch: Ein frischer Wein mit Zitrusnoten wird auf ein Stück Fisch vom Grill dieselbe Wirkung haben wie ein Spritzer Zitronensaft. Zu einem Fleischgericht, das etwas Süße verträgt, reichen Sie einen fruchtigen Rotwein. Und wenn Sie dem leicht fettigen Geschmack von kaltem Schweinebraten etwas entgegensetzen wollen, wählen Sie einen frischen Weißwein, der nach Äpfeln duftet, oder einen jungen, saftigen Beaujolais.

**Weine, die meistens passen:** Im Restaurant geht es oft darum, zu den verschiedenen Gerichten, die bestellt worden sind, einen einzigen Wein auszuwählen. Dann braucht es einen Wein, der zu den meisten Geschmacksrichtungen paßt und den die meisten mögen. Ich wähle dann meist einen Chardonnay, einen frischen Sauvignon, einen Merlot oder Pinot Noir oder einen frischen, trockenen Rosé.

**Bewährte Kombinationen:** Ausprobieren macht zwar Spaß – Sie sollten die klassischen Kombinationen, die «Mariages», aber nicht ganz ignorieren, vor allem, wenn es um die französische oder italienische Küche geht. Die meisten haben sich seit Generationen bewährt. In einem Weinbaugebiet bestelle ich im Restaurant stets einheimische Weine. Sie sind in der Regel preiswerter und passen besser zur regionalen Küche.

Ein Wort noch zu den folgenden vier Seiten: Auf den ersten beiden finden Sie Vorschläge, welche Weine zu einer bestimmten Küche passen, auf der dritten und vierten Vorschläge, welche Gerichte mit einem bestimmten Wein harmonieren.

## KLASSISCHE FRANZÖSISCHE KÜCHE

Wein gehört zum französischen Alltag, da überrascht es nicht, daß die Küche jedes größeren Anbaugebiets mit den einheimischen Weinen ideal harmoniert. Ein würziger Elsässer Tokay Pinot Gris läßt ein Hähnchen an Pilzrahmsauce noch cremiger munden. Muscadet mit seiner frischen Säure ist der ideale Begleiter zu Schalentieren von der Loiremündung. Kräftige Eintopfgerichte aus Burgund sollte man nicht nur mit einheimischem Rotwein zubereiten, sondern ihn dazu auch trinken. Es ist sehr vernünftig, dem französischen Beispiel zu folgen und den Wein der jeweiligen Region zu trinken.

## MEDITERRANE KÜCHE

Die Mittelmeerküche wird meist mit der südfranzösischen Küche gleichgesetzt, umfaßt jedoch eigentlich ganz Südeuropa einschließlich Portugals. Tomaten, Paprika, Zucchini und Oliven sind hier vorherrschend, alles wird reichlich mit Knoblauch und Kräutern wie Basilikum, Rosmarin und Oregano gewürzt. Fisch kommt häufiger auf den Tisch als Fleisch, oft in kräftigen Suppen oder Eintopfgerichten wie Bouillabaisse. Trockener, frischer Weißwein oder Rosé passen zu dieser Küche oft am besten, zu Pizza oder Pissaladière sind leichte, fruchtige Rotweine ideal.

## NORDITALIENISCHE KÜCHE

Die venezianische Küche kennt unendlich viele Rezepte für Fischgerichte, Muscheln und Meeresfrüchte, im Piemont dominieren Fleisch- und Pilzgerichte, insbesondere die legendären weißen Trüffeln von Alba. Wie in Frankreich sind die lokalen Weine oft die beste Wahl. Die frischen, ziemlich neutralen italienischen Weißweine passen zu vielen Gerichten: Meeresfrüchten, Teigwaren an Rahmsaucen, Risotto und Osso bucco (Kalbshaxe). Dank ihrer markanten Säure sind italienische Rotweine gute Begleiter zu reichhaltigeren Teigwarengerichten wie Lasagne.

## MITTEL- UND OSTEUROPÄISCHE KÜCHE

Die traditionelle Küche mitteleuropäischer Länder wie Deutschland, Österreich und Ungarn ist verhältnismäßig einfach, enthält aber durchaus Herausforderungen für den Wein wie z. B. Rauchfleisch oder sogar echte Knacknüsse wie Sauerkraut. Frische, trockene Weißweine passen meistens besser als Rotwein. Riesling ist der perfekte Begleiter zu einheimischen Gerichten, vor allem Fisch oder Schweinefleisch an Rahmsaucen. In Ungarn ist Paprika ungemein beliebt; frische, trockene Weißweine nehmen es damit auf, ebenso pfeffrige Rotweine wie österreichischer Blaufränkisch. Zu den schweizerischen Käsespezialitäten Fondue und Raclette muß es ein trockener Chasselas oder Fendant sein.

## SKANDINAVISCHE KÜCHE

Skandinavien mit seinen unzähligen eingemachten Spezialitäten ist eher ein Reich von Bier und Schnaps, am besten passen trockene deutsche Weine. Der berühmte Gravadlax (Lachs mit einer Dill-Senfsauce) ist leichter mit einem Wein zu kombinieren, als man im ersten Moment meinen möchte – er paßt gut zu einem deutschen Riesling oder einem Vouvray demi-sec. Pochierter Lachs harmoniert mit weißem Burgunder – Räucherlachs, ein Klassiker zu Champagner – paßt auch gut zu Sauvignon Blanc. In allen skandinavischen Ländern serviert man zu Fleisch ausgesprochen gern Preiselbeerenkompott; dazu gehört ein fruchtiger Rotwein mit genug Säure wie Beaujolais.

## KÜCHE DES NAHEN OSTENS UND NORDAFRIKAS

Die Küche an der Südküste des Mittelmeers und in Griechenland, dem Libanon und der Türkei kennt kräftige Aromen: Knoblauch, Zitronen und rohe Zwiebeln, Koriander und Kreuzkümmel. Ganz typisch ist, daß viele Gerichte gleichzeitig auf den Tisch kommen; man braucht also einen Wein, der zu allen einigermaßen paßt und mit den verschiedensten Geschmacksrichtungen fertig wird – ein frischer, trockener Weißwein oder Rosé ist der Idealkandidat. Die Grillspezialitäten harmonieren mit leichten, fruchtigen Rotweinen, die schärferen marokkanischen Tangines oder Couscous vertragen einen kräftigeren, körperreichen Rotwein mit einem Hauch von Süße wie z. B. Shiraz – oder einen marokkanischen oder algerischen Rotwein.

## INDISCHE KÜCHE

Weit verbreitet ist die Meinung, indische Gerichte und Wein vertrügen sich nicht. Sie geht davon aus, indisches Essen habe höllisch scharf zu sein und nichts weiter. Doch die indische Küche ist enorm vielfältig – von den milden Kormas des Nordens bis zu den scharfen Currygerichten des Südens. Oft kommen ganz verschieden scharfe Gerichte zugleich auf den Tisch. Da ist ein sauberer, frischer, neutraler Weißwein oder Rosé ein vollwertiger Ersatz für Bier. Oder versuchen Sie es mit einem viel fruchtigeren Wein aus der Neuen Welt, einem Chardonnay ohne Faßausbau oder einem Cabernet oder Shiraz.

## SÜDOSTASIATISCHE KÜCHE

Die charakteristischen Aromen dieser Küche – Zitronengras, Galangal und Korianderblätter – passen gut zu Wein. Versuchen Sie frische Weißweine mit Zitrusaromen wie Sauvignon Blanc (neuseeländischer ist die beste Wahl). Auch trockenere Elsässer Weißweine wie Pinot Blanc und Pinot Gris passen gut, ebenso Sémillon, Chardonnay ohne Faßausbau und österreichischer Riesling.

## CHINESISCHE KÜCHE

Wie bei der indischen Küche glauben viele auch, es gebe in ganz China nur eine einzige «chinesische Küche». Doch die Unterschiede zwischen der delikaten Raffinesse der kantonesischen Küche und der feurigen Schärfe von Setschuan sind gewaltig. Zur erstgenannten sind aromatische Weißweine wie Riesling und Gewürztraminer klassische Begleiter, aber auch Viognier paßt gut, und ein Champagner Blanc de Blancs kann sensationell sein. Versuchen Sie zu schärferen Gerichten einen Sauvignon Blanc oder einen leichten, fruchtigen Rotwein wie Beaujolais.

## JAPANISCHE KÜCHE

Sie ist schwieriger mit einem Wein in Einklang zu bringen – die Japaner selbst trinken Sake. Zu Gerichten aus rohem Fisch wie *Sushi* oder *Sashimi* wählen Sie einen knochentrockenen Weißwein wie Muscadet oder einen Champagner «sans dosage», zu würzigeren Gerichten wie *Teppanyaki* oder einer Teryaki-Sauce ist ein fruchtiger Rotwein ohne starke Eichennote besser. Versuchen Sie einen Rotwein von der Loire, einen Beaujolais Cru oder österreichischen Blaufränkisch. (NB. Scharfe und saure japanische Pickles vertragen sich besonders schlecht mit Wein – gehen Sie ihnen aus dem Weg, wenn Sie etwas Anständiges trinken.)

## KÜCHE DER PAZIFIKKÜSTEN («Pacific Rim»)

Diese in Australien, Neuseeland und an der Westküste Nordamerikas beliebte Küche ist stark von der südostasiatischen beeinflußt, und wie zu jener passen auch hier am besten lebhafter Sauvignon, Chardonnay oder Riesling aus der Neuen Welt. Grillgeschmack wird von einem fruchtigen Pinot Noir oder Merlot am besten ausbalanciert.

## ZENTRAL- UND SÜDAMERIKANISCHE KÜCHE

Hier dominieren scharfe Chiligerichte und kräftige Aromen, die nach entsprechend wuchtigen Weinen verlangen: üppige, körperreiche Rotweine wie kalifornischer Zinfandel, chilenischer Cabernet oder Merlot, argentinischer Syrah oder Malbec. Sauvignon Blanc aus Chile oder Südafrika passen gut zu *Ceviche* oder *Guacamole*.

## KARIBISCHE KÜCHE

Die höllisch scharfen Gerichte der karibischen Inseln wie *Jerk Chicken, Curried Goat* und *Pepperpot* verlangen nach entsprechend aromareichen Weinen wie tropisch-fruchtigem Chardonnay oder einem gehaltvollen Shiraz.

## DIE EKLEKTISCHE KÜCHE oder «Allerlei aus aller Welt»

Das ist der Stil zeitgemäßer Küche, wie sie in den In-Lokalen aller Großstädte der Welt praktiziert wird. Bei jeder traditionellen Küche macht sie ihre Anleihen – von Italien bis nach Japan – und bietet jede Geschmacksrichtung an. Das Menu ist ein Mosaik aus mehreren Kontinenten, und es wird schwierig, eine Flasche zu finden, die zu allem paßt – seien Sie konsequent und wählen Sie glasweise Qualitätswein im Offenausschank. Leichterer Chardonnay Sauvignon Blanc und Pinot Noir aus der Neuen Welt passen zu diesem kunterbunten Allerlei. Bei diesem Stil geht es gerade darum, Regeln zu brechen, tun Sie ruhig auch bei der Weinwahl: Gegrillter Thunfisch z. B. harmoniert mit einem leichten Rotwein gerade so gut wie mit einem Weißwein.

## TRADITIONELLE AMERIKANISCHE KÜCHE

Im Unterschied zur französischen oder italienischen Küche ist die amerikanische Küche nicht zusammen mit dem dazu passenden Wein aufgewachsen. Gerichte wie Brathähnchen oder Hackbraten schmecken am besten mit einem einfachen leichten Rotwein oder weichem cremigem Weißwein. Ein klassisches amerikanisches *Barbecue* mit süßen, klebrigen *Spareribs* verlangt nach etwas Körperreicherem – am besten einem amerikanischen Zinfandel. Zu einer dicken, cremigen Suppe wie *Fish Chowder* oder *Clam Chowder* paßt ein leichter Chardonnay.

## FRISCHE, TROCKENE WEISSWEINE

**Allgemein:** Sommergerichte – Salate und Fisch, pochiert gegrillt. Mediterrane Fischsuppen und -eintöpfe. *Fisch and Chips*. Leichte pfannengerührte Gerichte, Nudeln, milde Curries.

**Chablis (ohne Faßausbau):** Austern, Meeresfrüchte, Schalentiere.

**Muscadet:** Meeresfrüchte, Austern.

**Sauvignon Blanc:** Meeresfrüchte und Schalentiere, Spargel. Gemüse vom Grill. Sancerre und andere Sauvignons von der Loire schmecken besonders gut mit Ziegenkäse, Sauvignon aus der Neuen Welt zu Gerichten mit Knoblauch, Koriander und Ingwer.

**Soave, Frascati und andere italienische Weißweine:** Antipasti. Teigwaren mit Muschel- oder Tomatensauce (z. B. *Linguine alle Vongole*) oder Rahmsauce (*Spaghetti Carbonara*) oder Pesto. *Gnocchi*. *Risotto*. Meeresfrüchte-Salat.

**Vinho Verde und andere portugiesische Weißweine:** Sardinen und andere fette Fische vom Grill.

## MITTELSCHWERE TROCKENE WEISSWEINE

**Allgemein:** Lachs. Fisch, Hähnchen, Schwein oder Kalb an Rahmsaucen. Brathähnchen. Hühnerfrikassee. Kalbsschnitzel. Omeletten und Soufflés. Teigwaren an Rahmsauce.

**Alsace Pinot Blanc:** *Quiche Lorraine*.

**Burgunder:** pochierter Lachs, Scholle, Steinbutt, Langustine (Scampi, Kaisergranat), gebratener Truthahn.

**Chardonnay und Chardonnay-Verschnitte,** leicht, mit Zitrusnoten: Fischgerichte, gegrillte Jakobsmuscheln. Süßerer, fruchtigerer Sémillon-Chardonnay: pikant gewürztes Geflügel, Schweinefleisch.

**Chenin Blanc:** wie leichterer Chardonnay.

**Colombard:** wie Sémillon-Chardonnay.

## REICHE, GEHALTVOLLE WEISSWEINE

**Allgemein:** klassische *Haute cuisine*, würzige Geflügel-, Fisch- und Schalentiergerichte, schwere Saucen.

**Chardonnay,** in europäischem Stil (aus Burgund und Kalifornien): reichhaltige Hummer- und Schalentiergerichte, Meerfisch wie Heilbutt oder Steinbutt. Im Stil der Neuen Welt (Australien): kräftig gewürzte Gerichte aus Schweinefleisch, Fisch oder Geflügel. Steak, wenn Sie einen Weißwein dazu mögen.

**Marsanne (Australien):** wie Sémillon.

**Pessac-Léognan, Graves:** wie Chardonnay in europäischem Stil.

**Sémillon:** kräftig gewürzte Schweinefleisch- oder Geflügelgerichte. Südostasiatische Küche.

## AROMATISCHE UND HALBTROCKENE WEISSWEINE

**Allgemeine Aussagen** sind schwierig, weil in dieser Kategorie so viele unterschiedliche Stilrichtungen zusammengefaßt sind. Die meisten aromatischen Weine passen zu Rahmsaucen und schärferen Gerichten.

**Gewürztraminer:** Rauchfleisch und -speck, Räucherfisch. Chinesische (kantonesische) Küche, milde Curries, kräftige Käse (Munster).

**Riesling, Kabinett:** leichte Fisch- und Fleischgerichte, Lachs und Forelle (an Rahmsauce). Räucherfleisch, Salate, mild gewürztes Rührgebratenes, Sauerkraut. Spätlese: Ente, Gans. Elsaß: verträgt kräftigere Aromen.

**Tokay Pinot Gris:** opulente Geflügel- und Schweinefleischgerichte, Perlhuhn.

**Viognier:** leichtes, mild gewürztes Geflügel und Kalbfleisch.

**Vouvray und andere halbtrockene Weißweine:** zu Hähnchen oder Schweinefleisch an sämigen Saucen oder Gerichten mit Früchten wie Ananas, Aprikosen und Pflaumen.

## LEICHTE , FRUCHTIGE ROTWEINE

**Allgemein:** kalte Fleischplatte, Aufschnitt, Brathähnchen, Schweine- und Kalbfleisch. Kräftig gewürzter Fisch vom Grill. Mittelmeerküche, gefülltes Gemüse.

**Beaujolais:** Aufschnitt, Grillspeck und gekochter Schinken. Weißschimmelkäse wie Brie und Camembert.

**Côtes du Rhône:** einfache Geflügel- und Schweinefleischgerichte.

**Chinon und andere Rotweine von der Loire:** wie Beaujolais, sehr gut zu Ziegenkäse.

**Pinot Noir (leicht, aus Burgund):** Weinbergschnecken, Ente, Fasan, Rebhuhn. Neue Welt: zu Fleisch und Fisch vom Holzkohlegrill.

**Tempranillo:** Schweinefleisch mit Oliven, Hähnchen und Fleisch vom Holzkohlegrill.

**Valpolicella und andere italienische Rotweine:** Teigwarengerichte, aber ohne Rahm- oder Muschelsaucen. Pizza, italienische Würste.

## WEICHE, MITTELSCHWERE ROTWEINE

**Allgemein:** Fleisch, vor allem gekochtes Rind- und Lammfleisch, Würste.

**Beaujolais Cru:** Ente, Kaninchen, Kalbsbraten.

**Bordeaux:** Roastbeef und Lamm, Schmorbraten, Hartkäse.

**Burgunder:** gebratenes Wild, Nierchen, *Coq au vin*, *Bœuf bourguignonne*, Pilzgerichte, Weichkäse.

**Chianti und andere italienische Rotweine:** Schweinefleisch, gegrillt oder gebraten, Kalbsleber, *Cannelloni* und *Lasagne*.

**Merlot (Neue Welt):** Fleisch und Gemüse vom Holzkohlegrill.

**Rioja, Navarra:** gegrilltes oder gebratenes Lamm mit Kräutern, Hartkäse.

## GEHALTVOLLE, KÖRPERREICHE ROTWEINE

**Allgemein:** Steaks vom Holzkohlegrill, Braten, gut gewürzte Gemüse- und Fleisch-Eintöpfe, Gulasch.

**Barbaresco und Barolo:** kräftiges Fleisch und Wild, besonders Hase. Pilze und Trüffeln.

**Cabernet Sauvignon, europäischer Stil:** Rindfleisch, Hirsch- und Rehpfeffer, Lamm vom Holzkohlegrill. Neue Welt: (Australien, Chile): *Chili con carne*, schärfere indische Gerichte.

**Fitou und andere südfranzösische Rotweine:** *Cassoulet*, Ententerrine, Lamm.

**Hermitage und andere Rotweine von der Rhone:** Braten und Schmorbraten.

**Shiraz:** Grilladen, Barbecues.

**Zinfandel:** Ochsenschwanz, Chiligerichte, Spareribs.

## REIFE ROTWEINE UND RARITÄTEN

**Reife Rotweine:** ältere klassische Weine wie Bordeaux, Burgunder und Rioja passen zu ähnlichen Gerichten wie jüngerer Wein derselben Herkunft, besonders zu Wild.

**Raritäten:** wie reife Rotweine, halten Sie die Gerichte auch hier eher einfach.

**Amarone:** Ragout, Reh- und Hirschpfeffer.

**Salice Salentino und andere süditalienische Rotweine:** kräftige Fleisch- und Gemüsegerichte, Auberginen, Hartkäse.

## ROSÉWEINE

**Allgemein:** ähnliche Gerichte wie zu frischen, trockenen Weißweinen. Curries und andere etwas schärfere Gerichte.

**Bandol, Rosé de Provence:** mediterrane Küche, *Sauce Aïoli*, *Salade Niçoise*, *Bouillabaisse*, *Ratatouille*.

**Bordeaux rosé:** Fisch- und Geflügelgerichte.

**Rosé, Neue Welt:** «Pacific Rim»-Küche, Barbecues.

**Spanischer Rosado:** *Paella*, *Couscous*.

**Rosé d'Anjou und andere halbtrockene Roséweine:** Geflügelsalat, Krabbensalat.

**Tavel:** wie Rosé de Provence. Fischsuppen.

## CHAMPAGNER UND ANDERE SCHAUMWEINE

**Allgemein:** leichtere «Schäumer» zu Speisen wie frische, trockene Weißweine; gehaltvollere zu jenen wie bei gutem weißem Burgunder.

**Leichtere Champagner (ohne Jahrgang, Blanc de Blancs):** *Canapés* (Schnittchen), Kaviar, Räucherlachs, *Sushi*, Schalentiere, Rührei, kantonesische Küche.

**Kräftigere Gewächse (Jahrgangs-Champagner, Prestige-Cuvées, Qualitätsschaumwein aus der Neuen Welt):** Meeresfrüchte und Schalentiere an üppigen Rahmsaucen. Geflügel und Schweinefleisch an leichter Sauce.

**Demi-sec:** leichte Früchtedesserts. Fruchtsalat, Mousse, Meringues und Zitronenschaumcreme passen gut zu süßen italienischen Schaumweinen wie Asti.

**Rosé:** schärfere chinesische und südostasiatische Gerichte. Kräftigere Weine auch zu rosa gebratenem Lamm, Schweinefleisch und Wildgeflügel.

**Rot:** Gerichte der Neuen Welt, Barbecues.

## SÜSSWEINE

**Allgemein:** Nachspeisen aus Früchten und Sahne sind am einfachsten zu kombinieren, Schokolade am heikelsten. Der Wein sollte süßer sein als das Dessert. Versuchen Sie leichtere Süßweine zu Blauschimmelkäse.

**Beerenauslese und andere deutsche und österreichische Süßweine:** einfache Fruchttorten.

**Riesling und Sémillon Late Harvest (Neue Welt):** Exotischer Fruchtsalat, südostasiatisch inspirierte Nachspeisen.

**Mavrodaphne de Patras und andere süße Rotweine:** rote Früchte, Rotweinbirnen, Schokoladetorte, -pudding und -creme.

**Muscat de Beaumes de Venise und andere südfranzösische Muscats:** Erdbeeren mit Schlagsahne, Fruchttorten, Früchtecake.

**Moscatel de Valencia:** Zitrusfrüchte-Desserts wie Crêpes Suzette.

**Orange Muscat:** Fruchtsalat, Orangencreme, dunkle Schokolade.

**Sauternes und andere süße weiße Bordeaux:** *Foie gras*, Fruchttörtchen, gebrannte Creme, Roquefort.

**Tokajer:** *Tarte Tatin*, Karamel-Nachspeisen

**Vendange Tardive (Elsaß):** *Foie gras*, Frucht-törtchen.

**Vouvray und andere Süßweine von der Loire:** Birnen- und Apfeltorten, Flans.

## VERSTÄRKTE WEINE

**Sherry Amontillado, trockener Oloroso; Madeira Bual und Verdelho:** statt Portwein zu Käse. Nußtorten, Nougat.

**Banyuls, Rivesaltes und andere Vins doux naturels:** Schokolade-Nachspeisen, Früchtecake.

**Sherry Fino und Manzanilla; Madeira Sercial; weißer Port:** als Aperitif zu Appetithäppchen, Nüssen, zu klaren Suppen wie Consommé.

**Marsala:** Zabaione, Mandelkuchen.

**Ruby Port (LBV, Vintage Charakter):** Schokoladekuchen. Käse.

**Süßer Sherry Oloroso; Madeira Malmsey:** Äpfel im Schlafrock, Früchtecake, Vanilleeis.

**Tawny Port:** Hartkäse, Früchtecake, Nußtorte.

**Vintage Port:** Hartkäse (Gruyère, Cheddar, Gouda) und Blauschimmelkäse (Stilton, Roquefort).

# WEIN LAGERN UND SERVIEREN

Nur wenige kämen auf den Gedanken, sie hätten selbst einen Einfluß darauf, wie ein Wein schmeckt. Sie glauben, daß ein Wein, ist er erst einmal in der Flasche, sich im Geschmack sowenig verändert wie eine Dose weiße Bohnen. Doch wie Sie einen Wein lagern und wie Sie ihn servieren, hat durchaus etwas damit zu tun, wie er schließlich im Glas schmeckt.

## Lagerung

Wein kann anfangen, sich zu verändern, wenn Sie ihn nicht innerhalb von ein, zwei Monaten nach dem Kauf trinken. Ob das zu begrüßen ist oder nicht, hängt vom Wein und von Ihrem persönlichen Geschmack ab. Ein junger, frischer Wein kann seine Munterkeit recht rasch verlieren und gewinnt bestimmt nichts, wenn man ihn mehr als ein paar Wochen aufbewahrt. Ein gehaltvoller Rotwein anderseits wird es Ihnen danken, wenn Sie ihn ein Jahr an einem kühlen, dunklen Ort lagern, und komplexere, mildere Aromen entwickeln.

Oft weiß man beim Kauf nicht genau, wie alt ein Wein ist. Viele Produzenten wollen ihre Weine möglichst rasch auf den Markt bringen, der Wein kann noch unter einem «Flaschenschock» stehen und davon profitieren, wenn Sie ihn ein paar Wochen zur Seite legen. Kaufen Sie keine «soeben eingetroffenen» Weine, wenn Sie sie nicht eine Zeitlang ruhen lassen können.

Das andere Extrem: Weine, die schon monatelang im Regal herumgestanden oder im Restaurant herumgelegen sind. Helles Licht und Wärme sind besonders schädlich; kaufen Sie keine Flasche, die direkt unter einem Scheinwerfer steht! Oft führen Weinhändler «Lagerräumungen» durch; dabei können Sie manches echte Schnäppchen machen, vorausgesetzt, Sie trinken den Wein bald. Die Faustregel heißt: Lagern Sie einen Wein nach dem Kauf nicht noch zusätzlich, wenn er bereits die obere Altersgrenze seines Stils erreicht hat.

Die meisten Weine der unteren und mittleren Preisklasse sollten mehr oder weniger sofort getrunken werden. Es lohnt sich nicht, mehr davon zu kaufen, als Sie in den nächsten paar Monaten brauchen werden. Bei Weinen besserer Qualität wird die Lagerung jedoch zum Thema, insbesondere bei Burgunder und Bordeaux, die ohnehin nur erschwinglich sind, wenn sie soeben auf den Markt gekommen sind.

Bei Rotwein ist die Versuchung groß, sie zu lange aufzubewahren (weil man denkt «je älter, je besser»). Ich habe die Erfahrung gemacht, daß man viel öfter von einer Flasche enttäuscht wird, die «hinüber» ist, als von einer, die man zu früh geöffnet hat. Nur eine Handvoll sehr teurer Weine (deutscher Riesling der Spitzenklasse, Süßweine von der Loire, schwere, tanninreiche Rotweine von der Rhone) lohnen lange Lagerung.

## Lagermöglichkeiten

Nicht jedes Haus hat einen Keller, aber es gibt auch andere Plätze, die sich für die Lagerung von Wein eignen. Die Vorzüge eines Kellers: Er ist kühl, dunkel und wahrscheinlich auch etwas feucht, der Wein ruht bei einer konstanten Temperatur, die Korken trocknen daher nicht aus.

Wärme, Vibrationen und große Temperaturschwankungen liebt Wein gar nicht. Ungeeignet sind deshalb Garagen oder Schuppen, die im Sommer brütend heiß sind und im Winter eiskalt (leichtere Weine können gefrieren, wenn die Temperatur deutlich unter 0 °C sinkt). Helle, warme Küchen, wo viele ihren Wein aufbewahren, sind auch nicht besser.

Wenn es nur um ein paar Kisten geht, ist ein Schrank in einem wenig begangenen Zimmer ein guter Platz. Achten Sie auf eine Luftfeuchtigkeit von mindestens 40 % und darauf, daß die Temperatur zwischen 10 und 20 °C liegt. Der Raum darf nicht nach Farbe, Lösungs- oder Putzmitteln riechen. Legen Sie die Flaschen waagrecht, so daß der Korken Kontakt mit dem Wein hat.

Wenn Sie ein passionierter Weinliebhaber werden, können Sie einen speziellen Weinklimaschrank mit geregelter Temperatur und Luftfeuchtigkeit anschaffen – oder gar einen Weinkeller bauen lassen, wenn Sie nicht mehr wissen, wohin mit Ihren Schätzen …

Einfacher und günstiger ist es aber, den Wein dort lagern zu lassen, wo Sie ihn kaufen – vorausgesetzt, es handelt sich um einen Ihrer Vertrauenshändler. Dort lagert Ihr Wein dann zwar unter idealen Bedingungen, der Nachteil ist allerdings, daß Sie sich nicht einfach spontan ein Fläschchen holen können, wenn Ihnen danach zumute ist.

## Servieren

Um das Servieren von Wein ranken sich haufenweise abschreckende Gerüchte, dabei ist es viel weniger kompliziert, als es manchmal klingt. Wahr ist sicher, daß der Wein besser schmeckt, wenn Sie ihn mit etwas Aufmerksamkeit und Liebe servieren.

**Oben** *Ein Schrank mit einstellbarer Temperatur - eine Art Kühlschrank, aber speziell für Wein eingerichtet – ist die beste Lösung für Haushalte mit beschränkten Lagermöglichkeiten.*

**Linke Seite** *Glückliche Besitzer eines traditionellen unterirdischen Kellers haben natürlich ideale Voraussetzungen für langfristiges Lagern persönlicher Lieblingsweine.*

## Temperatur

Ob Sie ein Glas Wein genießen oder nicht, hängt am meisten davon ab, wie warm bzw. kalt er ist. Generell gilt, daß Weißwein kühl serviert werden sollte, Rotwein mit Zimmertemperatur, doch das führt zur Frage, wie kalt Ihr Kühlschrank bzw. wie warm Ihr Wohnzimmer ist. Heute, wo die Raumtemperatur zumeist über 20 °C liegt, besteht eher die Gefahr, Rotweine zu warm zu servieren. Den meisten tut es gut, vor dem Servieren an einem eher kühlen Platz zu stehen, leichten, fruchtigen Rotweinen wie Beaujolais bekommt sogar eine Stunde im Kühlschrank.

Bei Weißwein besteht dagegen die Gefahr, daß er zu kalt auf den Tisch und in die Gläser kommt und sein Aroma deswegen nicht voll entfalten kann. Leichte, frische Weine, aromatische Weine, Süßweine und Schaumweine sollten gut gekühlt sein (sie müssen vorher mindestens eine Stunde im Kühlschrank stehen), körperreichere Weißweine sollten etwas weniger kalt serviert werden. Wenn ein Wein zu kalt ist, können Sie ihn wärmen, indem Sie das Glas mit beiden Händen umfassen.

## Rasch kühlen, rasch erwärmen

Wenn sie unerwarteten Besuch erhalten, kühlen Sie Weißwein in einem Kübel voll Eiswasser oder legen ihn für zwanzig Minuten ins Gefrierfach. Aber dort dürfen Sie ihn ja nicht vergessen! Es gibt auch spezielle «Kühlmäntel», die man im Kühlfach aufbewahrt und über die Flasche zieht, wenn es wirklich rasch gehen muß. Wenn Sie einen Wein rasch etwas erwärmen wollen (z. B. einen schweren Rotwein, der direkt aus dem Keller kommt), legen Sie ihn in einen Kübel voll warmes Wasser.

## Entkorken

Allgemein herrscht die Vorstellung, eine Flasche Rotwein müsse man mindestens eine Stunde vor dem Servieren öffnen. Aber allein davon, daß er entkorkt wird, profitiert der Wein noch nicht groß, wenn dabei nicht ein Teil ausgeschenkt wird. Es geht ja (außer der Prüfung, ob der Wein nach Korken schmeckt) eigentlich darum, den Wein «atmen» zu lassen, damit er seine Aromen voll entfaltet. Das war vor allem mit gerbstoffreichen Rotweinen üblich. Die Mehrheit der heutigen Rotweine hat das nicht nötig. Einen Wein, dem eine solche Belüftung gut täte, können Sie ebensogut dekantieren.

## Dekantieren

Allein der Gedanke daran macht viele nervös. Aber es geht ja bloß darum, Wein von einem Behältnis in ein anderes zu leeren, damit er dabei mit Luft in Berührung kommt und seine Aromen entfaltet. Gießen Sie ihn einfach in einen Krug oder in eine Dekantierflasche. (Wenn Sie einen Krug benützen, können Sie den Trick der Sommeliers anwenden und den Wein über einen umgekehrten Löffel laufen lassen, damit er mit möglichst viel Luft in Kontakt kommt. Wenn Sie keinen Krug auf dem Tisch haben wollen, gießen Sie den Wein vorsichtig in die Flasche zurück.)

Es gibt noch einen zweiten Grund für das Dekantieren: Wenn ein Wein in der Flasche eine starke Ablagerung, ein Depot entwickelt hat, das Sie nicht am Schluß im Glas haben möchten. Lassen Sie so eine Flasche mindestens 24 Stunden, besser ein paar Tage lang aufrecht stehen. Dekantieren Sie ihn langsam und vorsichtig vor einem Licht (z. B. einer Kerze), so daß Sie sehen können, wenn das Depot den Flaschenhals erreicht. Das ist nicht weiter schwierig, Sie brauchen bloß ein gutes Auge und eine ruhige Hand.

Es gibt Weine, denen das Dekantieren nicht gut tut, besonders alte Rotweine, deren fragile und komplexe Aromen sich an der Luft rasch zersetzen oder verflüchtigen können. Trockener Sherry verliert seine spitze Frische, wenn er in einer Dekantierflasche aufbewahrt wird.

## Gläser

Viele Menschen wählen Weingläser eher nach dem Aussehen als nach der Eignung. Dabei kann die Form und Dicke eines Glases die Aromen merkbar beeinflussen. Das einfache «Paris gobelet» ist zu klein und läßt dem Wein keinen Raum, um sein Aroma zu entwickeln.

Gut sind einfache, klare, genügend große Gläser, die sich gegen den Rand verjüngen, damit man den Wein kreisen lassen kann, um sein Bukett zu genießen. Der Stiel sollte lang genug sein, daß Sie das Glas gut halten können (andernfalls riskieren Sie, den Wein mit der Hand aufzuwärmen) und es sollte einen feinen, dünnen Rand haben, damit Sie den Wein besser schlürfen und kosten können und ihn nicht hinunterstürzen müssen. In einer idealen Welt hat man für jede Art von Wein ein anderes Glas, wie es z. B. der österreichische Glashersteller Georg Riedel entworfen hat. Ohne Zweifel läßt die richtige Glasform den Stil und Charakter eines Weins erst voll zur Geltung

**Oben** *Ein Weinglas wird geblasen. Form und Qualität von Gläsern können einen überraschend großen Einfluß auf die Entwicklung von Aroma und Geschmack eines Weines haben.*

**Linke Seite** *Halten Sie die Flasche beim Dekantieren über eine Kerze, damit Sie sehen, wann der Bodensatz, das Depot, auszufließen beginnt. Kurz vor diesem Moment wird der Dekantiervorgang abgebrochen.*

kommen. Aber nicht jeder kann oder will sich einen ganzen Schrank voller verschiedener Gläsertypen leisten; zweckmäßig sind ein größeres Glas der oben beschriebenen Art für körperreiche Weißweine und die meisten Rotweine, ein etwas kleineres für die übrigen Weißweine und leichte Rotweine, dazu ein kleines Sherryglas, eine «copita» (auch für Portwein und Dessertweine) und ein hoher Champagnerkelch, eine «flute». Darin halten sich die Aromen und Bläschen von Schaumwein viel besser als in schalenförmigen Gläsern.

## Gläser müssen sauber sein

Unabhängig von der Form müssen Weingläser absolut sauber sein – und «glasklar». Staub und Rückstände von Fett oder Abwaschmitteln können die Aromen eines Weines beeinträchtigen. Sie können sie ohne Spülmittel im Geschirrspüler waschen, aber mit der Zeit bekommen manche Gläser Kratzer oder werden trüb. Ich halte es für besser, sie sofort nach Gebrauch von Hand in möglichst heißem Wasser zu spülen und mit einem Leinentuch zu trocknen. Wie auch immer – im Schrank sollten sie mit der Öffnung nach oben stehen, sonst kann sich im Glas ein unangenehmer Geruch von abgestandener Luft festsetzen.

## Einschenken

Füllen Sie ein Glas nur zu zwei Dritteln. Das kann zwar von Ignoranten als Geiz ausgelegt werden, doch wenn man das Bukett eines Weins genießen will, braucht man im Glas Platz, um ihn kreisen zu lassen.

## Reihenfolge

Ohne an alten Zöpfen hängen zu wollen: Es ist sinnvoll, beim Servieren die konventionelle Reihenfolge einzuhalten. Sie würden ja auch niemals einen kräftigen Eintopf vor einem leichten Fischgericht oder eine Nachspeise vor dem Hauptgang auftischen. Aus denselben Gründen ist es richtig, leichte Weine vor wuchtig konzentrierten zu servieren und trockene vor süßen. Es gibt jedoch keinen Grund, warum Sie nicht einen leichten Rotwein vor einem reichen, gehaltvollen Weißwein ausschenken sollten: Körper geht vor Farbe.

## Angebrochene Flaschen

Nach ein, zwei Stunden beginnt sich der Wein an der Luft zu seinem Nachteil zu verändern, am Schluß wird Essig daraus. Wenn eine angebrochene Flasche nicht mehr geleert wird, gießen Sie den Inhalt am besten in eine kleinere Flasche um, verschließen Sie diese mit einem Korken und stellen Sie sie in den Kühlschrank.

Es gibt auch Pumpen, mit denen man aus einer Flasche die Luft abziehen kann, oder Sprays, die eine Flasche mit reinem Stickstoff auffüllen. Champagner behält lustigerweise seine Bläschen, wenn man einen Teelöffel stielvoran in den Flaschenhals steckt. Dessertweine halten sich länger als andere, ebenso Portwein und Sherry. Das heißt aber nicht, daß man sie jahrelang aufbewahren soll.

## Weinfehler

Manche Weine haben seltsame Eigenschaften, die Sie für Fehler halten können, wenn Sie diesen Weinen zum ersten Mal begegnen. Der starke Geruch nach gekochtem Spargel eines Sauvignon Blanc, der manchmal mit «Katzenpisse» verglichen wird, der seltsame, leicht petrolige Geruch eines reifen Rieslings, die Bauernhofaromen eines reifen Burgunders – das alles mag beim ersten Mal vielleicht abstoßen, gehört aber zum normalen Geruchs- und Aromenspektrum der betreffenden Weine. Wenn Sie hingegen auf einen der folgenden Gerüche stoßen, können Sie fast sicher sein, daß mit dem Wein etwas nicht stimmt. Meist ist es nicht einmal nötig, einen Wein zu kosten, um festzustellen, daß er fehlerhaft ist:

- Ein muffiger, abgestandener, dumpfer Geruch. Wenn es nur eine Spur ist, kann es sich um den so genannten «Mistböckser» handeln, eine Nase voll abgestandener Luft in der Flasche, der 10 bis 15 Minuten nach dem Öffnen verschwindet. Wenn der Geruch nicht verschwindet oder sogar stärker geworden ist, handelt es sich eher um den gefürchteten «Korkschmecker».
- Weißwein mit leicht brackigem, sherryartigem Geruch, üblicherweise in Verbindung mit einer dunkelgelben Farbe, ist wahrscheinlich oxidiert und hat seine beste Zeit längst hinter sich.
- Der Geruch von faulen Eiern, der «Schwefelböckser», zeigt einen zu hohen Schwefelgehalt an.
- Ein dünner, sehr scharfer und spitzer Wein. Die Säuretoleranz ist von Mensch zu Mensch verschieden, aber daß der Wein einem die Zehennägel hochbiegt, geht zu weit.
- Ein angesengter, «gebackener», matter Charakter bei Rotwein weist auf zu hohe Gärtemperatur hin. Nicht untrinkbar, aber unakzeptabel.

**Oben** *Ein kleines Schwätzchen «in Ehren» auf dem Korkenmarkt im Beaujolais.*

**Linke Seite** *Die dicke Rinde der Korkeiche kann vom Stamm abgeschält werden, ohne daß der Baum dabei eingeht. Im Gegenteil, sie wächst innerhalb von rund zehn Jahren wieder nach. Die Qualität des Korkens ist entscheidend - ein schlechter Korken führt zu fehlerhaften Weinen, kann z. B. das gefürchtete Korkeln zur Folge haben. Dieser Wein (rechts) sollte von blaßgelber Goldfarbe sein; ein schadhafter Korken ließ zu viel Luft zutreten, der Wein ist oxidiert. Das Ergebnis ist ein stumpfes, dunkles Gelb.*

# INDEX

Beachten Sie bitte, daß Rebsorten und nach ihnen benannte Weine gemeinsam aufgeführt werden, ebenso Orts- und Weinbergnamen und davon abgeleitete Weine.


A
Ablagerung vgl. Depot
Adelaide Hills 40, 51
Aglianico del Vulture 79, 80
Albariño 56
Alentejo 63, 76
Alexander Valley 77
Aligoté 38
«Allerlei aus aller Welt», eklektische Küche und Wein 106–109
Aloxe-Corton 69
Alteni di Brassica 53
Alvarinho 41
Amarone 79, 80, 109
amerikanische Küche und Wein 107
Amontillado (Sherry) 99, 109
angebrochene Flaschen 114–115
Angludet, Château d' 70
Anjou 38, 56
Anjou Rouge 64
Anjou-Villages 64
Antinori 50, 80
Appellation contrôlée 20
Argentinien 18, 45, 51, 70, 73
aromatische und halbtrockene Weißweine 54–9, 108
Arbeiten im Rebberg
Bewässerung 20, 24
biologischer Anbau 24
Frostschutz 21
Klonen 11, 23
Lese (Ernte) 20, 25
Pflanzdichte 23
Pfropfen auf Wurzelstöcke 23
Rebenerziehung, Spalier 20, 24
Rückschnitt 20, 24
Spritzen 24
Assemblage vgl. Verschneiden
Asti Spumante 87, 90
Aufzuckerung 27, 61
Ausbruch 94
Auslese 54, 55, 58, 94
Australien 12, 14, 17, 18, 40, 44, 50–51, 58, 67, 72, 74, 90
Auxerrois vgl. Malbec
Auxey-Duresses 50, 69
Avignonesi 50

B
Bacchus (Rebsorte) 38
Baden 38
Bairrada 38, 76
Balbi 85
Bandol 70, 74, 82, 83, 85, 109
Banyuls 103, 109
Barbaresco 72, 74, 109
Barbera 62, 71
Barbera d'Asti 62
Barca Velha 80
Bardolino 61, 62
Bardolino Chiaretto 84
Barolo 72, 73, 74, 109
Barossa Valley 53, 74
Barrique 32, 33, 36, 42, 46, 48, 49, 50, 53, 66, 71, 79; vgl. auch Eichenholz, Lagerung, Reifung
Barsac 94
Bâtard-Montrachet 52
Beaujolais 18, 29, 62, 67, 108
Beaujolais Cru 68, 108
Beaujolais Nouveau 61, 62
Beaujolais Villages 62
Beerenauslese 93, 94, 109
Bellet 82
Bergerac 40, 68
Bergerac Rosé 84
Bertani 65
Bianco di Custoza 38
Bienvenues-Bâtard-Montrachet 52
Billecart-Salmon 89
Blanc de Blancs 86, 87, 88
Blanc de Noirs 88
Blanchot 50
Blanquette de Limoux 90
Blauburgunder vgl. Pinot Noir
Blauer Zweigelt (Zweigelt) 62
Blaufränkisch (Kékfrankos) 62
«blush» 83, 84
Böden vgl. Rebberge
Bollinger 89
Bonarda 73, 74
Bonnes Mares 81
Bonnezeaux 93, 94
Bordeaux 13, 14, 18, 25, 40, 66, 67, 68, 83, 108
Bordeaux AC 68
Bordeaux Blanc 44
Bordeaux Cru Classés 80
Bordeaux Rosé 84, 109
Botrytis cinerea vgl. Edelfäule
Bouchard Finlayson 40
Bougros 50
Bourgogne Blanc 44
Bourgogne Côte Chalonnaise 68
Bourgogne Passe-Tout-Grains 62, 63
Bourgogne Rouge 62
Bourgueil 18, 64, 82, 84
Brédif 59
Brouilly 68
Brown Brothers 65, 96
Brunello di Montalcino 19, 71, 77, 80
brut 88
Bual (Madeira) 102, 109
Bulgarien 44, 79
Burgund Mare 77
Burgund, Burgunder 21, 25, 44, 50, 62, 67, 68, 74, 108
Buzet 68

C
Cabardès 68
Cabernet d'Anjou 82, 84
Cabernet Franc 11, 18, 62, 68, 76
Cabernet Sauvignon 16, 22, 66, 68, 69, 71, 72, 74–75, 76, 79, 80, 81, 83, 84, 109
Cabernet Sauvignon Rosé 82–83
Cadillac 96
Cahors 75
Cairanne 69
Canon-Fronsac 70
Cap Classique 90
Cape White Jerepigo 99
Carignan 29, 73, 75
Carignano del Sulcis 75
Cariñena 81
Carneros 49, 50
Carron 62
Cassis 85
Castiglione Falletto 74
Catarrato 38, 47
Cava 87, 90
Cava Rosado 91
Cellier Le Brun 90
Cencibel vgl. Tempranillo
Cerequio 74
Chablis 22, 37, 38, 44, 47, 108
Chablis Grand Cru 50
Chambolle-Musigny 69, 74
Champagne, Champagner 12, 21, 25, 86–89, 90, 109, 115
ohne Jahrgang 88–89
Chandon, Domaine 90
Chaptalisation vgl. Aufzuckerung
Chardonnay 11, 12, 22, 23, 38, 42–43, 44, 48, 50–51, 86, 90, 108
Chardonnay-Verschnitte 45, 108
Chassagne-Montrachet 49, 52, 74
Chasselas 38
Chasse-Spleen, Château 70
Château-Chalon 53
Château-Grillet 56
Châteauneuf-du-Pape 18, 52, 73, 75
Chénas 68
Chenin Blanc 14, 38, 43, 45, 56, 90, 91, 92, 108
Chianti 19, 64, 67, 69, 108
Chianti Classico Riserva 80
Chile 12, 14, 17, 25, 40, 44, 45, 51, 56, 64, 66, 67, 70, 74
chinesische Küche und Wein 107
Chinon 18, 64, 82, 84, 108
Chiroubles 68
Chivite 85
Chorey-lès-Beaune 62
Cinsault (Cinsaut) 62, 80, 84
Clairet 84
Clairette de Die 90
Clape, La 76
Clare Valley 51, 53, 58
Climens, Château 94
Clos, Les 50
Cloudy Bay 53, 90
Cockburn 100
Coldstream Hills 71
Colheita 101
Collioure 75
Colombard 12, 43, 45, 55, 56, 108
Conca de Barbera 79
Condrieu 15, 56
Constantin, Domaine 50
Coonawarra 16, 22, 74
Copertino 79, 81
Corbières 39, 46, 73, 76
Cornas 17, 72, 75
Cortese 46
Corton 81
Corton-Charlemagne 51
Corvina 80
Costers del Segre 70
Costières de Nîmes 70
Côte Chalonnaise 69
Côte de Beaune 52, 69
Côte de Beaune-Villages 68
Côte de Brouilly 68
Côte de Nuits 69, 74
Côte de Nuits-Villages 68
Côte du Rhône-Villages 69
Côte Rôtie 72, 75
Coteaux d'Aix en Provence 64
Coteaux de l'Aubance 94
Coteaux du Languedoc 46, 47
Coteaux du Layon 93, 94
Coteaux du Tricastin 64
Côtes de Bourg 70
Côtes de Castillon 70
Côtes de Duras 68
Côtes de Francs 70
Côtes de Gascogne, Vin de Pays des 37, 41
Côtes de la Malepère 68
Côtes de Provence 85
Côtes du Duras 40
Côtes du Frontonnais 68
Côtes du Lubéron 64
Côtes du Marmandais 68
Côtes du Rhône 18, 45, 61, 62–63, 108
Côtes du Roussillon 64
Côtes du Ventoux 64
Cream (Sherry) 99
Crémant d'Alsace 90
Crémant de Bourgogne 87, 90
Crémant de Die 90
Crémant de Loire 14, 90
Crianza 53, 71
Crozes-Hermitage 52, 69–70
Crus Bourgeois 70
Crus Classés 70
Crusted Port 101
Cullen 51
Cuvaison 50

D
Daguenau 40
Dão 63, 76
Dekantieren 113
demi-sec 55
demi-sec (Champagner) 87, 88, 109
Depot 81
Dessertweine vgl. Süßweine

Deutschland 13, 17, 21, 25, 33, 54, 57–58
Deutz 90
Dolcetto 61, 63
Dôle 63
Dom Perignon 89
Dornfelder 61, 63
doux 88
Dry Creek Valley 77

E
Echézeaux 81
eklektische Küche («Allerlei aus aller Welt») und Wein 107
Edelfäule (Botrytis cinerea) 21, 25, 92, 94
Edelzwicker 58
Eden Valley 51, 58
Edna Valley 50
Eichenholz 31, 32–33
Einschenken 114
Eiswein 93, 94; vgl. auch Icewine
Ellis, Neil 51
Elsaß 13, 14, 17, 33, 54, 58
Entre-Deux-Mers 38
Essen
  und Wein 104–109; vgl. auch «Speisen und Anlässe» zu jedem Kapitel
Estremadura 63
Eszencia 97
Etikett
  Hinweis auf Faßausbau 33
  Sorten 10–11;
  vgl. auch «Zum Etikett» in jedem Kapitel

F
Faßausbau vgl. Barrique, Eichenholz, Lagerung, Reifung
Faugères 70, 76
Ferret 52
Fino (Sherry) 99, 109
Fitou 32, 73, 76, 109
Fixin 69
Fleurie 68
«Flying winemakers», Gast-Önologen 40, 44
Frankreich
  Bordeaux 13, 14, 18, 25, 40, 66, 67, 68, 80, 83, 108
  Burgund 21, 25, 44, 50, 62, 67, 68, 74, 108
  Champagne 12, 21, 25, 86–89, 109, 115
  Elsaß 13, 14, 17, 33, 54, 58
  Loire 17, 18, 21, 40, 53, 62, 64
  Provence 39, 64
  Rhone 17, 52, 64, 67, 72
französische Küche
  und Wein 106
Frascati 36, 38, 108
frische, trockene Weißweine 36–41, 108
Friuli 18, 40, 62
fruchtige Rotweine 60–65, 108
Fronsac 70
Fuissé, Château 52
Fumé Blanc 13, 37, 40, 45
Furmint 56

G
Gaillac 45
Gaja, Angelo 50, 53, 74
Gallo's Turning Leaf 43
Gamay 18, 61, 63
Gamay de Touraine 63
Garganega 38–39
Garnacha vgl. Grenache
Garrafeira 80
Gärung 27–28, 30
Gavi 43, 46
gehaltvolle, reiche Weißweine 48–53, 108
Gerbstoffe (Tannine) 29, 31, 32
Gevrey-Chambertin 35, 68, 69, 74
Gewürztraminer 14, 55, 56, 92, 94, 96, 108
Gigondas 69, 73
Gisborne 51
Gläser 113–114
Gläserreinigung 114
Goulbourn Valley 52
goût de terroir 22
Graham 100
Grahm, Randall 76
Grande Dame, La 89
Grandes Marques 88
Grands Crus 88
Grange 53, 77, 80
Grauburgunder vgl. Pinot Gris
Graves 44, 70
Graves Supérieures 94
Grecanico 47
Grechetto 38
Greco 39
Green Point 91
Grenache (Garnacha) 18, 63–64, 71, 72, 73, 75, 76, 81, 82, 83, 84
Grenache Blanc 39
Grenouilles 50
Grillo 39, 47
Grolleau 84
Gros Plant 39
Grüner Veltliner 39, 56
Guffens-Heynen 52
Guigal 63

H
halbtrocken 55, 58
halbtrockene, aromatische Weißweine 54–59, 108
Hamilton Russell 51
Hárslevelü 56
Haut-Brion, Château 80
Haut-Marbuzet, Château 70
Haut-Médoc 70
Hautes-Côtes de Beaune 68
Hautes-Côtes de Nuits 68
Hawke's Bay 51
Hefe 27
Hefekontakt 28; vgl. auch «sur lie»
Hermitage 17, 49, 52, 72, 76, 109
Huët 59
Hunter Valley 14, 51, 53, 77

I
Icewine 94; vgl. auch Eiswein
indische Küche
  und Wein 106–107
Inzolia 47
Irsai Olivér 56
Isole e Olena 80
Italien 17, 44
  Friuli (Friaul) 18, 40, 62
  Piemont 72
  Sizilien 47, 65
  Toskana 67
italienische Küche
  und Wein 106

J
J (Jordan's) 90
Jahrgangschampagner 87, 89, 109
Jahrgänge, Jahrgangsunterschiede 21
japanische Küche
  und Wein 107
Jardin de la France, Vin de Pays de 38
Jasnières 38, 95
Jerez 98–99
Johannisberg Riesling 58
Jordan 90
Juliénas 68
Jumilla 73, 76
junger Wein
  trinkreif 37, 59, 65
Jurançon moelleux 94
Jurançon sec 52

K
Kabinett 54, 55, 58
Kalifornien 10, 13, 16, 17, 18, 23, 40, 44, 45, 46, 50, 56, 70, 73, 74
Kaltvergärung 29
Kanada 14, 46, 50, 56, 70
  Ontario 58
karibische Küche
  und Wein 107
Kékfrankos vgl. Blaufränkisch
Kellertechnik 26–31, 60–61
Klärung und Filtration 28–29, 31
Klein Constantia 40, 51
Klima
  Einfluß auf die Reben 10, 20–21
Kohlensäuremaischung 29
Korkeln 115
körperreicher Wein
  rot 72–77, 109
  weiß 48–53, 108
Krug (Champagner) 89
Küche der Pazifikküsten («Pacific Rim»)
  und Wein 107
Kühlen 112

L
Ladoucette, de 40
Lafite-Rothschild 80
Lagen vgl. Rebberge
Lagerung 110–111; vgl. auch «Lagerung und Servieren» zu jedem einzelnen Kapitel
Lambrusco 57, 64, 91
Lambrusco Rosé 83, 84
Languedoc 12, 18, 40, 64, 67, 73, 76, 83
Languedoc Rosé 83, 84
Laski Riesling (Welschriesling) 57
Late Harvest vgl. Spätlese
Latour, Château 80
LBV (Late Bottled Vintage Port) 101, 109
leichte, fruchtige Rotweine 60–65, 108
Lese 25
Leuwin 51
Liebfraumilch 57
Limoux 12
Lindeman's Bin 65 43
Liqueur Muscat 95, 103
Lirac 69, 85
Listel Gris de Gris 85
Listrac 70
Loire 17, 18, 21, 40, 53, 62, 64
Loire Rosé 84
Loupiac 96
Lugana 43, 46
Lussac-St-Emilion 71
Lutomer Riesling 57

M
Mâcon Blanc 39
Mâcon-Villages 46
Madeira 47, 102–103, 109
Madiran 76
Malaga 103
Malbec (Auxerrois) 67, 68, 70, 73, 75
Malmsey (Madeira) 102, 109
malolaktische Gärung 28, 31
Malvasia Nera 81
Mancha, La 41, 65, 79
Manzanilla (Sherry) 99, 109
Margaux, Château 16, 53, 70, 80
Marokko 76
Marsala 103, 109
Marsannay 62, 69, 83, 85
Marsanne 46, 49, 52, 108
Mas de Daumas Gassac Blanc 53
Masi 65
Mataro vgl. Mourvèdre
Mateus Rosé 83, 84
Maury 103
Mauzac 45, 90
Mavrodaphne de Patras 93, 95, 109
McLaren Vale 74
Méaume, Château 84
mediterrane Küche vgl. Mittelmeerküche
Médoc 70
Menetou-Salon 13, 40, 64
Mercurey 46, 69
Merlot 16–17, 61, 64, 67, 68, 70, 74, 81, 84, 108
Merlot del Veneto 64

Merrill, Geoff 84
Méthode traditionnelle 88
Meursault 52
Meyney, Château 70
Milmanda 50
Minervois 73, 76
Mitchelton 52
mitteleuropäische Küche und Wein 106
Mittelmeerküche und Wein 106
mittelschwere, weiche Rotweine 66–71, 108
mittelschwere, trockene Weißweine 42–47, 108
Moldova 44
Molinara 80
Monastrell vgl. Mourvèdre
Mondavi, Robert 45
Monforte 74
Monica di Sardegna 65
Montagne-St-Emilion 71
Montagny 46
Montana 90
Montbrison, Château 70
Montepulciano d'Abruzzo 64
Monterey County 50
Monthélie 62, 69
Montilla 99
Montlouis 59, 95
Montpeyroux 76
Montrachet, Le 52
Morey-St-Denis 74
Morgon 68
Morra, La (Barolo) 74
Moscatel vgl. Muscat
Moscatel de Valencia 93, 95, 96, 109
Moscato vgl. Muscat
Moscato d'Asti 15, 87, 90
Moscato Passito di Pantelleria 96
Mosel 25, 58
Moss Wood 51
Moulin à Vent 68
Moulis 70
Mount Hurtle 84
Mountadam 71
Mourvèdre (Mataró/Monastrell) 22, 67, 70, 73, 74, 75, 76, 85
Mouton-Rothschild 80
Müller-Thurgau 57
Mumm Cuvée Napa 90
Musar, Château 79, 80
Muscadelle 38, 44, 93, 96
Muscadet 36, 37, 39, 108
Muscadet de Sèvre-et-Maine 39
Muscat (Moscato/Moscatel/Muskateller) 15, 55, 57, 86, 95, 96
Muscat Blanc à Petits Grains 95
Muscat d'Alexandrie 95
Muscat d'Alsace 95
Muscat de Beaumes de Venise 15, 93, 95, 109
Muscat de Frontignan 95
Muscat de Lemnos 103
Muscat de Lunel 95
Muscat de Miréval 95
Muscat de Rivesaltes 95
Muscat St-Jean-de-Minervois 95
Muskateller vgl. Muscat

N
Nahe 58
Naher Osten, nordafrikanische Küche und Wein 106
Napa Valley 50, 74
Navarra 50, 65, 70, 73, 76
Nebbiolo (Spanna) 19, 61, 65, 72
Negroamaro 80–81
New York (Staat) 14, 18, 46, 50, 58, 71
Neuseeland 12, 14, 17, 40, 44, 51, 56, 58, 70, 74, 90
  Marlborough 13, 40, 51, 53
Niersteiner 57
nordafrikanische Küche und Wein 106
Nuits-St-Georges 35, 69, 74

O
Oc, Vin de Pays d' 40, 43, 44, 64, 65, 71
Öffnen der Flasche 112
Oloroso (Sherry) 99, 109
Ontario 58
Opitz, Willi 97
Orange Muscat 96, 109
Orange Region (Australien) 51
Oregon 14, 15, 17, 22, 46, 50, 56, 58, 70
Ornellaia 81
Ortega 38
Orvieto 36, 37, 39
Österreich 17
  Steiermark 40
  Wachau 13, 58
osteuropäische Küche und Wein 106

P
Pacherenc du Vic-Bilh 96
Padthaway 51
Palette 85
Palo Cortado (Sherry) 99
Palomino 98
Paso Robles 77
Pauillac 16, 70
Pavillon Blanc 53
Pedro Ximénez 99
Pelorus 90
Penedès 70, 79
Penfolds 53
Periquita 76
Pernand-Vergelesses 50, 69
Pesquera 81
Pessac-Léognan 44, 49, 52, 108
Petit Chablis 38
Petit Manseng 94
Petit Verdot 68
Petits châteaux 70
Pétrus, Château 16, 70, 80
Pez, Château de 70
Pfalz 58
Pfropfen 23
Phélan-Ségur, Château 70
Pic St-Loup 76
Picpoul de Pinet 39
Piemont 72
Piesporter Michelsberg 57
Pin, Château Le 70, 80
Pinot Bianco 39
Pinot Blanc (Weißburgunder) 38, 43, 46, 51, 108
Pinot Grigio vgl. Pinot Gris
Pinot Gris (Grauburgunder/Pinot Grigio) 15, 38, 39, 43, 46, 51, 55, 59, 96, 108
Pinot Meunier 86, 88
Pinot Noir (Blauburgunder/Spätburgunder) 11, 17, 22, 61, 64, 68, 70–71, 76, 85, 86, 88, 108
Pinotage 62, 76
Pomerol 71
Pommard 69
Portwein 72, 100–101
Portugal 73, 79
Potensac, Château 70
Pouilly-Fuissé 46, 52
Pouilly-Fumé 13, 40, 53
Poujeaux, Château 70
Premières Côtes du Bordeaux 93, 96
Prestige-Cuvée 89
Preuses, Les 50
Primitivo 77
Priorata 81
Prosecco 90
Provence 39, 64
Provence, Rosé de 85
Puligny-Montrachet 49, 52

Q
Quady, Andrew 96
Qualitätshinweise
  Appellation contrôlée 20
  Auslese 54, 55, 58, 94
  Beerenauslese 93, 94, 109
  Kabinett 54, 55, 58
  Qualitätswein mit Prädikat (QmP) 58
  Smaragd 56
  Spätlese 54, 55, 58
  Trockenbeerenauslese 93, 97
  Vino da Tavola 65
  Vino de la Tierra 41, 70
  Vins de Pays 65
Quartet 90
Quarts de Chaume 93, 94
Quincy 13, 40

R
Rablay 94
Raritäten und reife Rotweine 11, 31, 78–81, 109
Rasteau 103
Rebberge
  Exposition 22
  Klima 20–21
  Lage und Böden 11, 22–23
  vgl. auch Arbeiten im Rebberg
Reben
  Alter 23
  Klone 11, 23
  Rebenpflege 24
  Resistenz 23; vgl. auch Arbeiten im Rebberg; Trauben
Reblaus (Phylloxera vastatrix) 23
Rebsorten 10–19
récemment dégorgé 89
Recioto della Valpolicella 93, 96
Récoltant-Manipulant 89
Régnié 68
reiche, schwere Weißweine 48
Reichensteiner 38
reife Rotweine und Raritäten 11, 31, 78–81, 109; vgl. auch Reifung
Reifung 28; vgl. auch reife Weine und Raritäten; Eichenholz, Lagerung
Reihenfolge des Servierens 104, 114
Reserva/Gran Reserva 19, 33
Retsina 57
Reuilly 40
Rheingau 58
Rheinhessen 58
Rhone 17, 52, 64, 67, 72
Ribatejo 63
Ribera del Duero 19, 81
Richebourg 81
Riesling 13–14, 22, 55, 57–58, 92, 96, 108
Rikat 45
Rioja 32, 40, 46, 52–53, 67, 71, 108
Rioja Reserva/Gran Reserva 79, 81
Rivesaltes 103, 109
Roederer 88, 89
Romanée-Conti, La 35, 81
Rondinella 80
Rosado 83, 85, 109
Rosé 82–85, 109
  Champagner 83, 89
  Schaumweine 91, 109
Rosé d'Anjou 82, 83, 84, 109
Rosé de Loire 84
Rosso Cònero 71
Rosso di Montalcino 71
Rosso di Montepulciano 71
Rosso Piceno 71
«Röstung», Grad der 32
Rotwein
  -kelterung 29–31
Rotwein
  körperreich 72–7, 109
  leicht, fruchtig 60–65, 108
  weich, mittelschwer 66–71, 108
  roter Schaumwein 91
Roussanne 39, 46
Roussillon 18, 39, 46
Ruby Cabernet 62, 71
Ruby Port 101, 109
Rueda 40, 46
Rully 46, 62, 69

Rumänien 17, 77
Russian River Valley 50
Rutherglen 15, 95

S
Saintsbury 50
Salice Salentino 79, 81, 109
Samos Vin Doux Naturel 103
Sancerre 13, 37, 40, 53, 85
Sancerre Rouge 64
Sangiovese 19, 64, 67, 69
Sangiovese di Romagna 64
Sangiovese di Toscana 64
Santa Maria Valley 50
Santenay 69
Sardinien 65
Sarrau 62
Sassicaia 81
Saumur 14, 38
Saumur Blanc 56
Saumur Brut 87, 91
Saumur-Champigny 18, 64
Saumur Rouge 64
Sauternes 14, 93, 96, 109
Sauvignon Blanc 12–13, 36, 40, 53, 108
Sauvignon de Haut-Poitou 40
Sauvignon de Touraine 37, 40
Savennières 38, 54, 56
Savigny-lès-Beaune 68, 69
Schaumwein 25, 86–87, 90–91, 109
rot 91, 109;
vgl. auch Champagner
Scheurebe 58
Schilfwein 97
Schweiz 17, 106
Sekt 91
Séléction des Grains Nobles 96
Sémillon 11, 12, 14, 33, 37, 38, 43, 47, 49, 53, 92, 96, 108, 109
Sémillon/Chardonnay 47
Sercial (Madeira) 102, 109
Serpentières, Les 68
Serra, La 74
Serralunga 74
Servieren 104, 111–114;
vgl. auch «Lagerung und Servieren» zu jedem einzelnen Kapitel
Setúbal 103
Seyval Blanc 58
Sherry 98–99
Shiraz vgl. Syrah
Sierra Foothills 77
Silvaner vgl. Sylvaner
Single Quinta Port 101
Sizilien 47, 65
skandinavische Küche und Wein 106
Slowenien 56, 57
Smaragd 56
Soave 37, 41, 108
Soave Classico 47
Sogrape 76
Somantano 50, 70
Sonoma 50
Sophiste, Le 53
Sortenangabe auf dem Etikett 10–11
Sours, Château de 84
Spanien 17, 18, 50, 79
La Mancha 41, 65, 79
Navarra 50, 65, 70, 73, 76
Valencia 41
Spanna vgl. Nebbiolo
Spätburgunder vgl. Pinot Noir
Spätlese (Late Harvest) 25, 54, 55, 58, 94, 109
Squinzano 81
St-Amour 68
St-Aubin 50, 62, 69
St-Chinian 73, 76
St-Emilion 71
St-Estèphe 16, 70
St-Joseph 52, 76
St-Julien 16, 70
St-Pourçain 64, 85
St-Romain 50
St-Véran 46, 47
Ste-Croix-du-Mont 96
Steiermark 40
Strohwein 97
Südafrika 12, 14, 17, 18, 25, 40, 44, 51, 56, 67, 75
südamerikanische Küche und Wein 107
südostasiatische Küche und Wein 107
«sur lie» 39; vgl. auch Hefekontakt
Süßweine 15, 92–97, 109, 115
Sylvaner (Silvaner) 55, 58
Syrah (Shiraz) 17–18, 32, 71, 72, 73, 75, 76, 80, 82, 83, 85, 91, 109

T
Tâche, La 81
Tahbilk, Château 52
Taittinger 89
Tannine (Gerbstoffe) 29, 31, 32
Tarrango 65
Tavel 82, 83, 84, 85, 109
Tawny Port 101, 109
Taylor 100
Tedeschi 65
Temperatur
Gärtemperatur 27, 30
Serviertemperatur 112
Tempranillo (Cencibel/Tinto Fino) 19, 65, 71, 81, 108
Teroldego Rotaliano 65
Terra Alta 70
terra rossa 22, 74
Terret 39
Terroir 20, 48; vgl. auch Rebberge: Lagen und Böden
Thelema 51
Tignanello 81
Tinta Barocca 72, 100
Tinta Cão 100
Tinta Negra Mole 102
Tinta Roriz 76, 100
Tinto Fino vgl. Tempranillo
Tokajer (Tokaji) 93, 96, 109
Tokaji Aszú 96
Tokay-Pinot Gris 55, 59, 108
Torres, Miguel 50
Torrontes 55, 59
Toskana 67
Touraine 64
Touriga Francesca 72, 76, 100
Touriga Nacional 72, 76, 100
Trauben
Lese 25
Kelterung 27, 30
Kühlung 25;
vgl. auch Reben
Trebbiano 41
trocken 58
Trockenbeerenauslese 93, 97
trockene Weißweine
frisch 36–41, 108
mittelschwer 42–47, 108
Tschechische Republik/Tschechien 56

U
Ungarn 13, 40, 44, 56, 64, 83
Umpumpen, Umziehen 31
USA
Kalifornien 10, 13, 16, 17, 18, 23, 40, 44, 45, 46, 50, 56, 70, 73, 74
Oregon 14, 15, 17, 22, 46, 50, 56, 58, 70
Staat New York 14, 18, 46, 50, 58, 71
Staat Washington 17, 18, 21, 50, 58, 73, 74

V
Vacqueyras 69
Valdepeñas 19, 65, 79, 81
Valencia 41
Valmur 50
Valpolicella 61, 65, 71, 108
Valréas 69
Vaudésir 50
Vega Sicilia 81
Vendange Tardive 54, 55, 59, 93, 97, 109
Verdejo 40
Verdelho 47
Verdelho (Madeira) 102, 109
Verdicchio 37
Verdicchio dei Castelli di Jesi 41
Vereinigte Staaten vgl. USA
Vergelegen 51
Vergine 103
Vermentino 39
Vernaccia 37
Vernaccia di San Gimignano 41
Verschneiden 29
Jahrgänge 21
Traubensorten 10, 12
verstärkte Weine 102–103, 109
Veuve Clicquot 88, 89
vin de paille 97
vin gris 85
vin jaune 53, 99
Vin Santo 93, 97
Vincent 52
Vinho Verde 41, 108
Vino da Tavola 65
Vino de la Tierra 41, 70
Vino Nobile de Montepulciano 76
Vins de Pays 65
vins doux naturels 95, 109
Vintage Port (Jahrgangs-Portwein) 101, 109
Viognier 11, 15, 55, 59, 75, 108
Visanto 103
Viura 12, 40, 47
Volnay 69, 74
Vosne-Romanée 69, 74
Vouvray 54, 55, 56, 59, 108
Vouvray liquoreux 97
Vouvray moelleux 93, 97, 109
Vouvray mousseux 91

W
Wachau 13, 58
Wairarapa 51
Warre 100
Washington (Staat) 17, 18, 21, 50, 58, 73, 74
Wetter vgl. Klima
weiche, mittelschwere Rotweine 66–71, 108
Wein und Essen 104–109; vgl. auch «Speisen und Anlässe» in jedem Kapitel
Wein zum Lagern 59; vgl. auch Lagerung
Weinberge vgl. Rebberge
Weinfehler 115
Weinreste aufbewahren 114–115
Weißburgunder vgl. Pinot Blanc
Weißer Bordeaux 43, 49
Weißer Portwein 101, 109
Weißer Zinfandel («White Zin») 59, 83, 85
Weißwein
-kelterung 26–29
Weißweinstile
aromatisch, halbtrocken 54–59, 108
frisch und trocken 36–41, 108
mittelschwer, trocken 42–47, 108
reich, schwer 48–53, 108
weißer Schaumwein 25, 86–87, 90–91, 109
Welschriesling vgl. Laski Riesling
White Grange 53
White Grenache 84
White Merlot 84

Y
Yarra Valley 17, 51
Yquem, Château d' 96

Z
Zenit 45
zentral- und südamerikanische Küche und Wein 107
Zinfandel 59, 62, 73, 76, 85, 109
Zweigelt vgl. Blauer Zweigelt
Zweitweine 70

# DANK

Auf dem Umschlag steht jeweils der Name einer Autorin, eines Autors, doch Bücher sind im Grunde eine Teamarbeit. An erster Stelle danke ich meinen Teamkolleginnen Sue Jamieson, deren Idee das Buch ursprünglich war, Margaret Little, die das Projekt so professionell betreute, Lucy Bridgers, ohne deren konsequente Einhaltung von Terminen es wohl nie ausgeliefert worden wäre, und Fiona Knowles, die für die elegante Aufmachung verantwortlich zeichnet.
Viel habe ich auch der raschen und großzügigen Hilfe meiner Kollegen und Freunde im Weinhandel zu verdanken, darunter Charlotte Hey von Wines from Spain, Emma Roberts von SOPEXA, Fiona Morrison von CIVB (für ihre Hilfe beim Kapitel Bordeaux), Jasper Morris von Morris & Verdin (für seine Hilfe beim Burgunder) und Liz Robertson von Safeway, Hugh Suter von Bibendum, Meg Brodman von Cellarworld und Alastair Mayling von International Wine Services dafür, daß sie ihre Kellergeheimnisse für mich gelüftet haben.
Dank gebührt auch meiner Familie: Trevor, meinem Mann, der mich in die Welt der guten Weine einführte und der zusammen mit unseren Kindern William, Jordan, Kate und Flyn vier Monate lang voller Geduld und Humor eine überarbeitete und völlig erschöpfte Hausfrau und Mutter ertragen mußte.

## Fotonachweis

o = oben; u = unten; m = Mitte

**Cephas Picture Library/Mick Rock** 33, 114. **Corbis UK Ltd/Morton Beebe** 83. **Patrick Eagar** 16, 17, 19, 79. **Armin Faber** 26, 29. **Getty Images Ltd./The Tony Stone Collection** 86, 100, 104, 105. **Robert Harding Picture Library** 113o/**Liaison Int.** 110. **Image Bank/Michael Melford** 30. **Brian Jordan** 36. **Reed Consumer Books Limited/James Johnson** 8, 9, 111u/**Ray Moller** 33u/**Steven Morris** 11u, 37u, 39u, 41u, 43u, 45u, 47u, 49u, 51u, 53u, 55u, 57u, 59u, 61u, 63u, 65u, 67u, 69u, 71u, 73u, 75u, 77u, 79u, 81u, 83u, 85u, 87u, 89u, 91u, 93u, 95u, 97u, 99u, 101u, 103u, 105u, 113u, 113m, 115u. Janet Price 13, 15, 21, 23, 37, 42, 55.
**Root Stock/Tessa van der Haar** 24/**Hendrik Holler** 10, 11, 12, 14, 18, 22, 28, 32, 43, 48, 49, 54, 66, 67, 72, 93, 98. **Scope/Jean-Luc Barde** 60, 111o, 115o/**Bernard Galeron** 61/**Philip Gould** 20/**Jacques Guillard** 73, 82, 87o/**Michel Guillard** 25, 27, 78, 92, 112/**Noel Hautemaniere** 102/**Francis Jalain** 31.
Foto der Autorin: **Ian Cook**

Autorin und Originalverlag danken auch
**Oddbins Ltd** (die Firma hat die Weine zum Fotografieren zur Verfügung gestellt) und
**Michael Johnson (Ceramics) Ltd** (für die Weingläser von Riedel).